高等职业教育新能源汽车"1+X"岗课赛证融通系列教材

新能源汽车
电子电气空调舒适技术

XINNENGYUAN QICHE

DIANZI DIANQI KONGTIAO SHUSHI JISHU

主　编　蔡月萍　邱官升
副主编　马德军　杨宗平
参　编　毛天华　胡梦飞　李　伟　董君杰　王　瑛　罗世全
主　审　任春晖

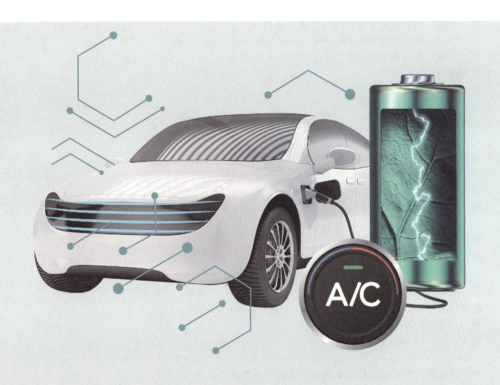

图书在版编目(CIP)数据

新能源汽车电子电气空调舒适技术/蔡月萍，邱官升主编. — 西安：西安交通大学出版社，2023.2

高等职业教育新能源汽车"1＋X"岗课赛证融通系列教材

ISBN 978－7－5693－3246－9

Ⅰ.①新… Ⅱ.①蔡…②邱… Ⅲ.①新能源-汽车-电子技术-高等职业教育-教材②新能源-汽车-电气系统-高等职业教育-教材③新能源-汽车-空气调节设备-高等职业教育-教材 Ⅳ.①U469.7

中国国家版本馆 CIP 数据核字(2023)第 099036 号

书　　名	新能源汽车电子电气空调舒适技术	
	XINNENGYUAN QICHE DIANZI DIANQI KONGTIAO SHUSHI JISHU	
主　　编	蔡月萍　邱官升	
策划编辑	杨　璠	
责任编辑	曹　昳　刘艺飞	
责任校对	张　欣	
封面设计	任加盟	
出版发行	西安交通大学出版社	
	(西安市兴庆南路 1 号　邮政编码 710048)	
网　　址	http://www.xjtupress.com	
电　　话	(029)82668357　82667874(市场营销中心)	
	(029)82668315(总编办)	
传　　真	(029)82668280	
印　　刷	西安五星印刷有限公司	
开　　本	787 mm×1092 mm　1/16　印张　14.25　字数　330 千字	
版次印次	2023 年 2 月第 1 版　2023 年 2 月第 1 次印刷	
书　　号	ISBN 978－7－5693－3246－9	
定　　价	48.00 元	

如发现印装质量问题，请与本社市场营销中心联系。

订购热线：(029)82665248　(029)82667874

投稿热线：(029)82668525

版权所有　侵权必究

职业教育新能源汽车"1＋X"岗课赛证融通系列教材编委会

主 任 委 员 杨云峰　陕西交通职业技术学院
副主任委员 蔺宏良　陕西交通职业技术学院
　　　　　　　黄　平　青海交通职业技术学院
　　　　　　　李富香　青海交通职业技术学院
　　　　　　　李维臻　甘肃交通职业技术学院
　　　　　　　王志新　甘肃交通职业技术学院
　　　　　　　王　勇　北京中车行高新技术有限公司
　　　　　　　袁　杰　四川交通职业技术学院
　　　　　　　刘学军　广西交通职业技术学院
委　　　员 贾永峰　陕西交通职业技术学院
　　　　　　　韩　风　青海交通职业技术学院
　　　　　　　蔡月萍　青海交通职业技术学院
　　　　　　　黄晓鹏　陕西交通职业技术学院
　　　　　　　刘　涛　陕西交通职业技术学院
　　　　　　　高　旋　陕西交通职业技术学院
　　　　　　　任春晖　陕西交通职业技术学院
　　　　　　　曹凌霞　北京中车行高新技术有限公司
　　　　　　　付照洪　北京中车行高新技术有限公司

前言

随着《国家职业教育改革实施方案》《"1+X"证书制度》的颁布,以及党的二十大报告提出的"健全终身职业技能培训制度,推动解决结构性就业矛盾","加快建设国家战略人才力量,努力培养造就更多大师、战略科学家、一流科技领军人才和创新团队、青年科技人才、卓越工程师、大国工匠、高技能人才",职业教育迎来新的挑战。因此,为深化现代职业教育体系建设改革,坚持面向市场,培养服务地域社会经济发展需要的高素质高技能的复合型人才,我们编写了这本结合"1+X"职业技能等级标准、融入职业教育新理念的岗课赛证融通教材。

同时在国家政策的引导下,新能源汽车正从技术研发、示范推广向产业化阶段快速推进,导致当前新能源汽车维修人员短缺,面向市场、面向社会,亟待培养掌握最新新能源汽车电子电气维修技能的人才队伍。

本教材根据人才培养的要求,在编写过程中注重理论和实践相结合,针对目前新能源汽车技术电子化、电气化的快速发展,打破传统教材的体例,结合"1+X"职业技能等级标准,细化作业过程,以任务为基础确定单元的知识目标和能力目标,对新能源汽车电子电气空调舒适的新技术、新知识、新规范进行详细的介绍,力求做到教学内容与行业技术在使用上同步更新,并安排了自我测试和拓展学习内容,以提高学生和培训者在实际生产中的知识应用能力。

本教材共有4个模块、16个任务,对新能源汽车电子电气空调舒适技术进行了全面描述,内容包括模块一新能源汽车电子控制电路检修、模块二新能源汽车启动与充电系统检修、模块三新能源汽车舒适系统部件检测与维修、模块四新能源汽车空调系统检修。

本书由青海交通职业技术学院蔡月萍(编写任务1.1、任务1.2、任务4.1、任务4.2、任务4.3)和陕西交通职业技术学院邱官升(编写任务2.2)担任主编;由青海交通职业技术学院马德军(编写任务1.3、任务1.4)、重庆交通职业学院杨宗平担任副主编。青海交通职业技术学院毛天华(编写任务3.3、任务3.4、任务3.5)、青海交通职业技术学院胡梦飞(编写任务3.1、任务3.2)、湟中职业技术学院李伟

(编写任务 4.4、任务 4.5)、青海交通职业技术学院董君杰和王瑛(编写任务 2.1)及青海璐迪汽车销售服务有限公司罗世全参编。全书由陕西交通职业技术学院任春晖主审。

本书适用于高职高专新能源汽车检测与维修技术、汽车检测与维修等相关专业，也可以作为"1+X"职业技能等级考证的参考教材，还可供新能源汽车维修人员、新能源汽车行业工程技术人员阅读参考。

在编写过程中，编者参考了大量的国内外技术资料，得到了许多同行的大力支持，在此谨向所有参考资料的作者及关心支持本书编写的同志们表示感谢。由于编者水平有限，不足之处在所难免，敬请读者批评指正。

编者
2023 年 1 月

目 录

模块一 新能源汽车电子控制电路检修 …………………………………………（ 1 ）

 任务1.1 动力系统电子控制电路检修 ……………………………………（ 3 ）

 任务1.2 驱动系统电子控制电路检修 ……………………………………（ 17 ）

 任务1.3 底盘系统电子控制电路检修 ……………………………………（ 33 ）

 任务1.4 车身系统电子控制电路检修 ……………………………………（ 45 ）

模块二 新能源汽车启动与充电系统检修 ……………………………………（ 61 ）

 任务2.1 混合动力电动汽车启动系统检修 ………………………………（ 63 ）

 任务2.2 新能源汽车充电系统检修 …………………………………………（ 81 ）

模块三 新能源汽车舒适系统部件检测与维修 ………………………………（ 95 ）

 任务3.1 灯光系统检修 ………………………………………………………（ 97 ）

 任务3.2 组合仪表检修 ………………………………………………………（111）

 任务3.3 洗涤系统检测与维修 ………………………………………………（121）

 任务3.4 喇叭系统检测与维修 ………………………………………………（131）

 任务3.5 车身附件检修 ………………………………………………………（141）

模块四 新能源汽车空调系统检修 ……………………………………………（151）

 任务4.1 空调系统部件检修 …………………………………………………（153）

 任务4.2 制冷系统检修 ………………………………………………………（167）

 任务4.3 暖风系统检修 ………………………………………………………（179）

 任务4.4 通风系统检修 ………………………………………………………（193）

 任务4.5 空调系统电气故障检修 ……………………………………………（207）

参考文献 ………………………………………………………………………………（219）

模块一
新能源汽车电子控制电路检修

任务1.1

动力系统电子控制电路检修

任务引入

某顾客的比亚迪秦Plus纯电动汽车，在行驶过程中挂挡后无法运行。经国家级技能大师综合诊断后，将问题锁定在电动机位置传感器上，需对动力系统电控部件进行检测，并根据检测结果进行维修或者更换。

学习目标

(1) 掌握新能源汽车动力电控系统的组成与工作原理。
(2) 掌握旋变传感器、温度传感器的结构原理。
(3) 能够正确使用常用拆装工具、检测仪器设备。
(4) 能够按照工艺规范进行新能源汽车动力电控系统的检测。
(5) 严格执行工艺规范，重视安全生产。
(6) 培养精益求精、一丝不苟的职业精神。

知识准备

1.1.1 新能源汽车动力电控系统概述

新能源汽车是指采用非常规的车用燃料作为动力来源（或使用常规的车用燃料、采用新型车载动力装置），综合车辆的动力控制和驱动方面的先进技术，形成的具有新技术、新结构的汽车。

动力系统是新能源汽车的动力输出单元，也被称为新能源汽车的"心脏"，新能源汽车动力电控系统接受来自驾驶员的操作指令，并向各个动力控制部件发送控制指令，使汽车按照驾驶员的预期行驶。

1.1.1.1 新能源汽车动力电控系统组成

新能源汽车动力电控系统主要由驱动电机及控制系统、自动变速箱及控制系统组成。驱动电机系统由驱动电机及电动机控制系统组成，是新能源汽车动力电控系统的核心部件之一，电动机控制系统的作用是控制驱动电机的运行，主要由逆变器、逆变驱动器、电源模块、中央控制模块、检测模块等组成。自动变速箱系统由机械变速箱、换挡执行机构及控制系统组成，也是新能源汽车动力电控系统的核心部件之一。自动变速箱的工作原理：根据车辆速度、电动机转速、动力负荷等因素自动进行升降挡位，使驱动电机始终保持在高效运转状态。新能源汽车动力电控系统组成如图1-1所示。

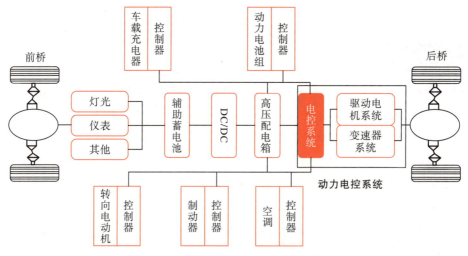

图1-1 新能源汽车动力电控系统组成

1. 驱动电机

驱动电机的作用是将电源的电能转化为机械能，通过传动装置驱动或直接驱动车轮。常见的驱动系统布置形式有传统驱动模式、电动机-驱动桥组合式驱动模式、电动机-驱动桥整体式驱动模式和轮毂电动机驱动模式四种。目前纯电动汽车常用的驱动电机包括交流异步电动机和永磁同步电动机。大多数的新能源汽车驱动电机是永磁同步电动机。

（1）永磁同步电动机的主要功能是为车辆提供动力，在制动时回收能量存入动力电池组。永磁同步电动机采用转子上添加永磁体的方式产生磁场，同时，磁场还可以作为媒介进行机械能和电能的相互转换。永磁同步电动机的"同步"是指把永久磁铁转子放在能产生旋转磁场的定子铁芯中，当定子绕组流过电流后，转子将会跟随旋转磁场同步旋转，转子的转速与定子绕组的电流频率始终保持一致。

(2)旋变传感器也称位置传感器,是一种输出电压随转子转角变化的信号元件。主要通过检测转子磁极与定子绕组间的空间位置关系,产生位置信号,经过逻辑处理形成功率电子开关元件的触发信号,电动机控制器可获知电动机当前转子位置,从而控制相应的 IGBT 功率管导通,按顺序给定子三个线圈通电,驱动电机旋转。其安装位置如图 1-2 所示。

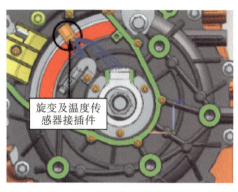

图 1-2 旋变传感器安装位置

旋变传感器的结构由定子和转子两部分组成。定子绕组由多个硅钢片组成,定子绕组内部有三组线圈,一组为励磁绕组,一组为正弦信号绕组,一组为余弦信号绕组,两个信号在布置上相差一定的角度,在励磁绕组上连接交流信号。当转子不旋转时,三个信号为同频率,信号振幅没有变化。转子由多个硅钢片组成,当转子旋转时,由于转子上存在较大凸起,信号绕组中的磁通量会发生周期性的变化,信号的振幅随着间隙的变化而改变,根据两个信号的相互关系就能判断转子的位置,相当于变压器的原边,输入励磁电压,励磁频率由控制单元控制,转子绕组相当于变压器的副边,通过电磁感应得到感应电压,定子采用 3 个线圈,励磁线圈 A(输入),输出线圈 B(正弦),输出线圈 C(余弦),B、C 两线圈互成 90°安装,如图 1-3 所示。

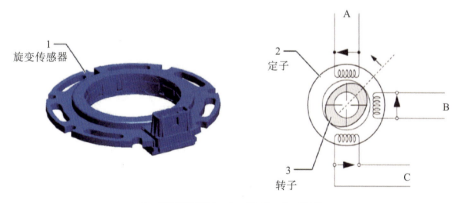

1—旋变传感器;2—定子;3—转子。

图 1-3 旋变传感器结构

旋变传感器的工作原理:当励磁绕组 A 以一定频率的交流电压励磁时,输出绕组 B 和 C 的电压幅值与转子转角成正、余弦函数关系,或保持某一比例关系,或在一定转角范围内与转角呈线性关系,如图 1-4 所示。旋变传感器的输出波形如图 1-5 所示。

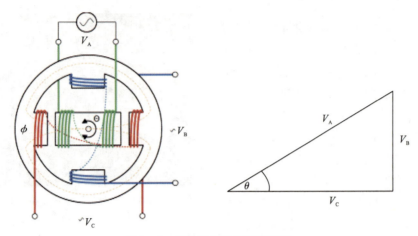

图1-4 旋转传感器的工作原理

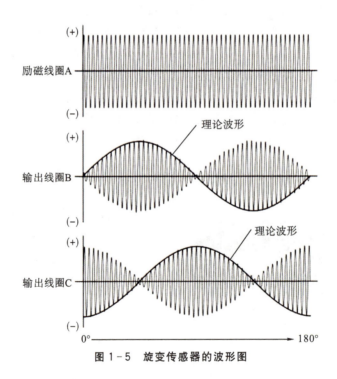

图1-5 旋变传感器的波形图

旋变传感器不断地检测出转子的位置信号,通过换相驱动电路,并驱动与电枢绕组连接的各功率开关的导通与截止,从而控制定子绕组的通电,在定子上产生旋转磁场,带动转子旋转。随着转子的转动,旋变传感器不断地送出信号,以改变电枢的通电状态,使得在同一磁极下的导体中的电流方向不变,因此,就可产生恒定的转矩使永磁同步电动机运转起来。

(3)温度传感器主要用于监测永磁同步电动机及控制系统的温度,并将监测到的温度信号转换成可用的电信号输出。

温度传感器主要有热电耦式温度传感器、热敏电阻式温度传感器、数字温度传感器、半导体温度传感器四种类型,常用的为热敏电阻式温度传感器,它是一种电阻值随温度变化而变化的传感器。热敏电阻共有两种变化类型,一种是正温度系数,即温度升高,阻值增加,另外一种为负温度系数,即温度升高,阻值减小。

驱动电机温度传感器主要由热敏电阻晶体、烧结电极、引线、探头等部件组成。驱动电机温度传感器如图1-6所示。

图1-6 驱动电机温度传感器

为防止绕组温度过高而烧毁,控制单元根据温度传感器的信号监控电动机的实时温度,通过电动机冷却装置调节电动机温度。电动机温度传感器对驱动电机的工作温度进行实时的监控,向整车控制器VCU反馈电动机温度信号,VCU根据电动机温度信号作出相应控制策略,如冷却系统的大小循环控制、冷却系统风扇的低速控制、电动机的过温保护策略。

当控制器监测到驱动电机温度传感器显示120℃≤温度<140℃时,降低车速,提高行驶里程运行;当温度≥140℃时,降功率至0,即停机。

(4)散热系统包括水道、冷却液管插接器、前后端盖、机座等,其主要作用是降低电动机及控制系统的温度,防止其因温度过高而烧坏。

2. 驱动电机控制器

驱动电机控制器MCU(motor control unit)的作用是将高压电直流转换为交流电,并与整车其他模块进行信号交互,进而控制驱动电机的转速与转动方向;在驱动电机的控制过程中,U、V、W为电动机定子三相绕组,IGBT1、IGBT2、IGBT3、IGBT4、IGBT5、IGBT6为6只MOSFET功率管,主要起开关作用,随着转子的转动,IGBT在位置传感器的控制下,依次接通2或3个驱动功率管,给电动机定子绕组按顺序依次馈电,实现了各相绕组电流的换相。

另外,在能量回收过程中,电动机控制器还要负责将驱动电机产生的交流电进行整流,回充给动力电池。其工作效率达到85%以上,能源利用率高,减少资源浪费。驱动电机在发电状态时,利用主控板上的控制信号将功率主电路的上半桥的功率管

IGBT1、IGBT2、IGBT3 全关闭，而下半桥的功率管 IGBT4、IGBT5、IGBT6 分别按一定功率进行 PWM 控制，这样，因上半桥续流二极管的存在，其等效电路如同一个半控整流电路。因此，发电运行的控制方法是半控整流的 PWM 升压工作原理，让下半桥的功率管 IGBT4、IGBT5、IGBT6 按规律做 PWM 工作产生泵升电压，当泵升电压高于蓄电池的端电压时就能输出电能。

电动机控制器安装在前舱内，采用 CAN 通信控制，控制着动力电池组到电动机之间能量的传输，同时采集电动机位置信号和三相电流检测信号，精确地控制驱动电机运行。DC/DC 集成在电动机控制器内部，其功能是将电池的高压电转换成低压电，提供整车低压系统供电。驱动电机能量传递路线，如图 1-7 所示。

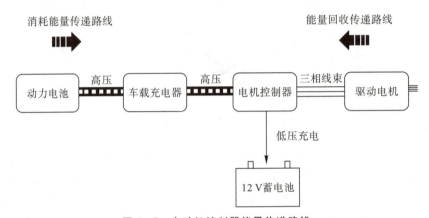

图 1-7　电动机控制器能量传递路线

3. 电控系统

在纯电动汽车电控系统设计的基础上，整车电控系统分为高压电控系统和低压电控系统。

低压电控系统主要由 DC/DC 功率变换器、辅助蓄电池和若干低压电器设备组成。新能源汽车的低压电器设备主要包括灯光系统、仪表系统和娱乐系统等。目前，低压电气系统通常采用 12 V/24 V 直流电源作为整车低压电源，一方面为灯光和雨刮器等常规低压电器供电，另一方面为整车控制器、电动机控制系统、电池管理系统，以及高压设备的控制器和冷却电动水泵等辅件供电。

高电压系统中包含动力电池、驱动电机、高压配电箱（PDU）、电动压缩机、功率变换器（DC/DC）、车载充电机（OBC）、空调加热器（PTC）、高压线束等部件。这些部件构成了车辆的高压系统，其中动力电池、驱动电机和高压调节系统是纯电动汽车的三大核心部件，如图 1-8 所示。

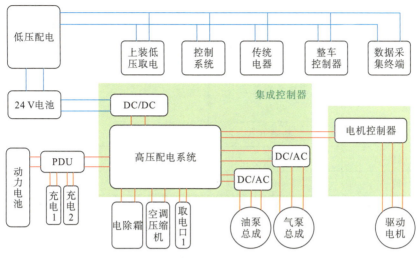

图 1-8 高压和低压系统结构图

1.1.1.2 新能源汽车动力电控系统工作原理

当制动踏板和加速踏板将制动信号和速度、转矩信号等输入后，整车控制器通过 CAN 总线协调电池管理系统、MCU、空调系统等单元相互通信，发出相应的控制指令来控制驱动电机，调节电动机和电源之间的功率流。

1.1.2 新能源汽车动力电控系统检测

1.1.2.1 旋变传感器检测

比亚迪秦 Plus EV 旋变传感器与温度传感器集成在一起，旋变传感器及温度传感器接插件的端子图如图 1-9 所示。旋变及温度传感器引脚定义如表 1-1 所示。

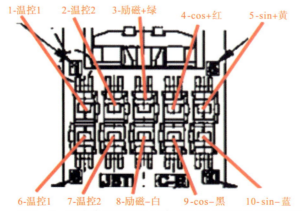

图 1-9 旋变传感器和温度传感器集成的插接器端子图

表1-1 旋变及温度传感器引脚定义

序号	定义	序号	定义
1-温控1	温度传感器1	6-温控1	温度传感器1
2-温控2	温度传感器2预留	7-温控2	温度传感器2预留
3-绿	励磁+	8-白	励磁-
4-红	cos+	9-黑	cos-
5-黄	sin+	10-蓝	sin-

其中1号端子和6号端子是温度传感器1的+5 V信号参考电压端子和搭铁端子,2号端子和7号端子是温度传感器2的+5 V信号参考电压端子和搭铁端子,3号端子和8号端子为旋变传感器的励磁绕组+和励磁绕组-,4号端子和9号端子为旋变传感器的余弦绕组+和余弦绕组-,5号端子和10号端子为旋变传感器的正弦绕组+和正弦绕组-。

旋变传感器检测的步骤:

(1)在断电的情况下,拔下旋变传感器插接器,用万用表欧姆挡(200 Ω挡位)分别检测旋变传感器励磁绕组正负端子之间、正弦绕组正负端子之间、余弦绕组正负端子之间的电阻。旋变传感器电阻标准值如表1-2所示。如果阻值不在规定范围内,则可判断为旋变传感器故障。

表1-2 旋变传感器电阻标准值

测量项目	标准值
励磁绕组+与励磁绕组-:3与8	14.5±2 Ω
正弦绕组+与正弦绕组-:5与10	36±4 Ω
余弦绕组+与余弦绕组-:4与9	42±4 Ω

(2)插上旋变传感器插接器,使用示波器分别检测励磁绕组正负端子(3与8),正弦绕组正负端子(5与10),余弦绕组正负端子(4与9)之间的波形。打开点火开关,踩制动踏板挂入D位,松制动踏板,观察示波器波形。其中,励磁绕组的波形是脉冲波形,正弦绕组和余弦绕组波形分别是正弦波和余弦波。如检测结果与标准不一致,则应进一步检查或维修。

1.1.2.2 温度传感器检测

(1)断开温度传感器集成插接器,用万用表欧姆挡(200 kΩ挡位)分别测量温度传感器1、6号端子和2、7号端子之间电阻值，判断阻值是否在正常范围内。不同温度下的标准电阻值可参考表1-3，如不符合，则应进一步检查及维修。

表1-3 温度传感器的标准电阻值

温度/℃	标准电阻/kΩ	温度/℃	标准电阻/kΩ
－30	2280	10	212.5
－20	1190	20	127.7
－10	646.9	30	78.88
0	364.9	40	50.04

（2）用万用表检测驱动电机温度传感器两端子分别与驱动电机控制器间的线束电阻，标准电阻为小于1 Ω，说明线束连接正常，如不正常，则应进一步检查或维修。

任务实施

1. 作业说明

造成挂挡后无法运行的可能原因是驱动电机旋变传感器和温度传感器故障等。因此，需要通过检测驱动电机旋变传感器及温度传感器，重新修复线束或更换部件来消除故障。本作业在进行高压安全防护及断电的情况下进行。

2. 技术标准与要求

驱动电机旋变传感器	励磁绕组电阻	Ω	波形	
	正弦绕组电阻	Ω	波形	
	余弦绕组电阻	Ω	波形	
驱动电机温度传感器	电阻			（20 ℃）

注：请学员查阅维修资料后填写。

3. 设备器材

（1）设备与零件总成。

_____

_____

（2）常用工具。

_____

_____

(3)耗材及其他。

_____

_____

注：请学员根据场地实际设备器材填写。

4. 作业流程

(1)做好安全防护，清洁并校准万用表和示波器。

(2)根据故障现象，进行故障分析和症状检查。

(3)检查蓄电池电压。标准电压值为 11～14 V，如果电压值低于 11 V，在转至下一步前对蓄电池充电或更换蓄电池。

(4)故障症状表如表 1-4 所示，分析故障原因及部位。

表 1-4 故障症状表

故障部件	可能发生故障的部位
旋变传感器	励磁绕组故障
	正、余弦绕组故障
	绕组及电路搭铁或相互短路故障
温度传感器	温度传感器信号故障
	温度传感器本身故障
	驱动电机控制器（MCU）故障

(5)用故障诊断仪诊断，把故障诊断仪连接到 DLC 口上，读取故障码，如果无故障码输出，则进行第(6)步；如果有故障码输出，则进行第(7)步。

(6)全面分析与诊断。

(7)调整、维修或更换。

(8)确认测试。

5. 填写考核工单

一、查询并记录发动机信息					
品牌		整车型号		生产日期	
发动机型号		驱动电机型号		动力电池额定电压	
发动机排量		额定功率		额定容量	
车辆识别代码				行驶里程	

二、查询用户手册，记录指定控制模块端子针脚信息并检测

1. 旋变传感器及温度传感器针脚信息查询

针脚	颜色	端子含义	针脚	颜色	端子含义

2. 旋变传感器波形检测

电器元件编号		电路图中的位置	
电路图			

检测内容		检测参数	标准值	实测值	检测结果	判断
名称	电阻					正常□ 异常□
						正常□ 异常□
						正常□ 异常□
	波形					正常□ 异常□
						正常□ 异常□
						正常□ 异常□

自我测试

(1) 简述新能源汽车动力电控系统的组成。

_____

_____

_____

(2) 简述旋变传感器的工作原理。

_____

_____

_____

(3) 简述旋变传感器的检测流程及技术要点。

_____

_____

_____

参考答案

拓展学习

新能源汽车技术未来的发展趋势

1. 高压器件的集成化

未来新能源汽车的应用广度不断扩大，会逐渐应用到物流、公共交通、特殊车辆等不同领域。同时随着新能源汽车技术模块化、集成化、智能化的发展，其续航里程、智能化程度、驾驶体验等都会不断优化，市场占有率会大大提高，会有更多的用户使用新能源汽车。在技术改进中高压器件的集成化是最主要的，新能源汽车中应用的高压系统有很多，常见有驱动电机及其控制器、动力电池、高压配电盒及电力附件等，高压系统的分区应用整体上是会影响其使用寿命的，实现高压器件的集成化会进一步推动整个电动汽车设计的优化，高压器件的集成化本质上是将几个多功能的电子器件进行功能上面的整合，集成化不仅使汽车简洁、优美，还能节省汽车内部更多的使用空间，从功能层面作出的设计整合，使使用更加简洁、高效。

2. 驱动系统的集成化

新能源汽车主要的三大组成部分是电池、电动机、电动机控制器，目前正在着力于驱动系统的集成化研究，实现将电动机、电动机控制器、减速器等多种驱动装置集成化，成为一个共同的驱动系统，节省成本的同时可以使汽车更加轻量便捷，形成多功能合一的驱动系统。

每一代新能源汽车都在致力于实现系统的集成研究，每一代的新能源汽车都会比上一代的重量轻，实现了更高的功率密度。在实现集成化的同时，越来越多不同形式的新能源汽车层出不穷，对汽车主要的驱动系统提出了更多要求，节省电量、增加续航里程等功能的实现需要使用大功率、耐高压的功率半导体，在运行时占用空间较大、还会产生很大的电量消耗，因此集成化研究是新能源汽车研究的主体方向。

3. 新能源高压系统总集成

新能源汽车高压系统的总集成是将电动机、电动机控制器、高压盒、DC/DC、OBC 五合一集成优化，形成一个五合一的控制器，真正实现一个控制器操控整个新能源电动汽车，集成化的研究可以实现生产工艺的简单操作，集成度高，意味着电动汽车的性能使用方面更加简洁高效。

任务 1.2

驱动系统电子控制电路检修

任务引入

某顾客的比亚迪秦 Plus 纯电动汽车，在行车过程中出现踩下加速踏板，车辆运行，但加速时速度不超过 6 km/h，同时右侧的能量回收条出现闪烁的故障现象，经省级技能大师综合诊断后，将问题锁定在加速踏板位置传感器上，需对驱动系统电控部件进行检测维修。

学习目标

(1) 掌握新能源汽车驱动电控系统的组成与工作原理。
(2) 掌握加速踏板位置传感器、挡位控制器的结构原理。
(3) 能够正确使用常用的拆装工具、检测仪器设备。
(4) 能够按照工艺规范进行新能源汽车驱动电控系统的检测。
(5) 严格执行工艺规范，重视安全生产。
(6) 养成严谨、团结、专注的职业精神。

知识准备

1.2.1　新能源汽车驱动电控系统概述

伴随着电力电子技术的深入发展，电控系统已从传统汽车低功率低压的辅助电气装置转变为新能源汽车的节能环保、高效低噪的电气传动装置，动力电池是新能源汽车的动力来源，驱动电机则将此车载能源转化为行驶动力，电控系统则控制整个车辆的运行与动力输出，在车辆行驶过程中，逆变器接受电池输送的直流电电能，并将其逆变为三相交流电给汽车驱动电机提供电源,而控制器接受驱动电机转速、转矩等信号反馈至仪表,当出现加速或制动行为指令时,控制器通过控制变频器频率的升降,从而达到控制加速或减速的目的。

1.2.1.1 新能源汽车驱动电控系统组成

新能源汽车驱动电控系统通过接受整车控制器与制动踏板、加速踏板、换挡机构等控制机构传送的控制信息,对驱动电机的转矩、转速与转向进行控制,并可对动力电池电压、电流输出进行相应控制。

新能源汽车驱动电控系统狭义上指的是整车控制系统、加速踏板位置传感器、挡位传感器,广义上指的是动力电池管理系统和电动机控制器等。其主要实现如下功能:挡位管理;扭矩解析,实现整车驱动;保证制动优先;电动机转速及工作温度的测量;网络管理和监控;系统安全管理及系统保护。

1. 整车控制器(VCU)的组成与作用

整车控制器是整个车的核心控制部件,主要采集加速踏板信号、制动踏板信号及其他部件信号,做出相应判断后,控制下层的各部件控制器的动作,驱动汽车正常行驶。作为汽车的指挥管理中心,整车控制器的主要功能包括驱动力矩控制、制动能量的优化控制、整车的能量管理、CAN网络的维护和管理、故障的诊断和处理、车辆状态监视、实时动力计算和分配、实时信息交互与集中处理转发、传感器信号采集及处理,同时包括CAN通信、故障报警及处理、程序升级、与其他模块配合完成整车的工作要求及自检功能等,它起着控制车辆运行的作用。因此,整车控制器的优劣直接决定了车辆的稳定性和安全性。整车控制系统图如图1-10所示。

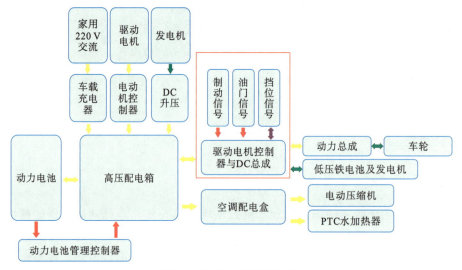

图1-10 整车控制系统图

(1)汽车驱动控制。根据司机要求、车辆状态等工况,合理控制电动机的工作状态及功率输出,满足驾驶工况要求,包括加减速、恒速、制动和后退等。

(2)制动能量回馈控制。根据制动踏板和加速踏板信息、车辆行驶信息、动力电池状态信息,判断制动模式,计算制动力矩分配,回收部分能量。

(3)整车能量优化。通过对电动汽车的电机驱动系统、电池管理系统、传动系统及其他车载耗能部件的协调和管理,获得最佳的能量利用率,延长使用。

(4)故障诊断和保护。进行故障诊断,并及时进行相应的安全保护处理,故障码的存储和回调。

(5)网络管理。组织信息传输,监控网络状态,管理网络节点等。

(6)车辆状态监视。将各自管辖对象的状态信息和故障诊断信息发至总线,由整车控制器通过综合数仪表显示出来。

2. 整车控制器安装位置

整车控制器模块安装在主驾驶员座椅下方(图1-11)。

图1-11 整车控制器

3. 整车控制器工作原理

整车控制器是实现整车集成控制决策的核心电子控制单元,通过采集加速踏板、挡位、制动踏板等信号来判断驾驶人的驾驶意图,通过监测车辆状态(车速、温度等)信息,由整车控制器判断处理后,向动力系统、电池管理系统发送车辆的运行状态控制指令,同时控制车载通用件电力系统的工作模式。整车控制器的硬件电路包括微控制器、开关量调理、模拟量调理、继电器驱动、高速 CAN 总线接口、电源等模块。

1.2.1.2 加速踏板位置传感器的功用及原理

加速踏板位置传感器主要用于检测加速踏板的开度,并把该信号转换成反映驾驶人对车辆操纵意图的电子信号,输送给 VCU,VCU 内部运算处理后,把此信号转换成驱动电机转速、转矩的目标电子信号,通过 CAN 总线把信号传输给 MCU,作为 MCU 控制驱动电机转速、转矩、能量回收的重要参考信号。

为保障系统安全，加速踏板位置传感器设计成双输出传感器，分别由两个滑动电阻式传感器 APS1、APS2 组成，两个传感器在同一基准电压下工作，基准电压由 VCU 提供。

随着加速踏板位置的改变，电位计滑动触点与其他端子之间的阻值也发生线性变化，由此产生能反映加速踏板踏板量大小和变化速率的电压信号，并输入到 VCU，这两个传感器与加速踏板制成一体。

电位计式加速踏板位置传感器以分压线路原理工作，VCU 供电传感器线路的参考电压为 5 V，电位计加速踏板通过转轴与传感器内部的滑动变阻器的电刷连接，加速踏板位置传感器的位置改变时，电刷信号线与搭铁端之间的电压发生改变，VCU 内部的受压线路将该电压转换成加速踏板的位置信号，即驾驶人对车辆操纵的意图信号。加速踏板位置传感器输出特性曲线如图 1-12 所示。

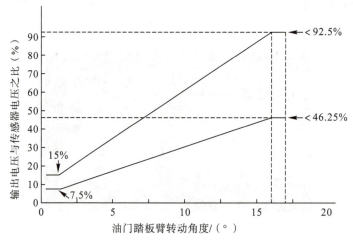

图 1-12　加速踏板位置传感器输出特性曲线

1.2.1.3　挡位控制系统结构原理

挡位控制关系着驾驶人的安全，它能正确理解驾驶人意图，正确识别车辆的挡位，在出现故障时做出相应处理，保证整车安全，在驾驶人出现挡位误操作时通过仪表等提示驾驶人，使驾驶人能迅速做出纠正。

比亚迪秦挡位控制器采用电子控制方式，消除了变速杆及变速箱之间的机械连接，电子信号控制更精确。挡位操纵系统由 P 位按钮（图 1-13）、换挡操纵机构（含电动机）、P 位电动机控制器（图 1-14）、挡位传感器、挡位控制器（图 1-15）组成。

1. 挡位传感器

挡位传感器将信号输入挡位控制器，挡位控制器通过信号线路与 VCU 通信，传输挡位信号。挡位传感器和挡位控制单元组合为一体，挡位传感器利用霍尔传感器编码原理，实现挡位识别。当变速杆移动，带动触发器移动时，触发器给霍尔芯片施加磁感应强度，产生霍尔电压，挡位传感器主单元检测霍尔芯片电压，并将这些电压解码和内部存储的挡位图谱进行比对，即可判知当前所处挡位，并将这些挡位信号发送至VCU，VCU内部处理计算后，把驱动电机运转方向信号，通过CAN总线发送给MCU，控制电动机工作。

图1-13　P位按钮

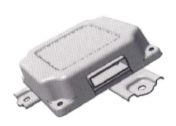
图1-14　P位电动机控制器

图1-15　挡位控制器

2. 挡位控制器

比亚迪秦采用线控换挡系统，挡位信号由挡位控制器总成进行采集并处理，挡位控制器在布置时靠近挡位执行器总成，避免因线束过长导致信号不稳。换挡完毕后，变速杆可以自动回正，减小误操作。挡位控制器电源线路及挡位传感器与挡位控制器的线路连接图如图1-16、图1-17所示。

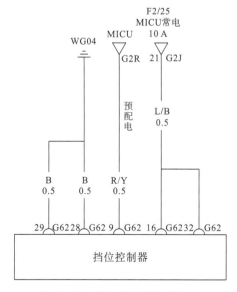
图1-16　挡位控制器电源线路

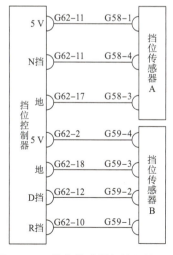
图1-17　挡位传感器与挡位控制器的线路连接图

比亚迪秦 P 位电动机与 P 位控制器的线路连接如图 1-18 所示。通过电动机转子转动带动变速箱内的锁止机构动作来控制是否锁止变速箱，它主要由 P 位电动机控制器、电动机、霍尔位置传感器组成，霍尔位置传感器和电动机集成在一起。

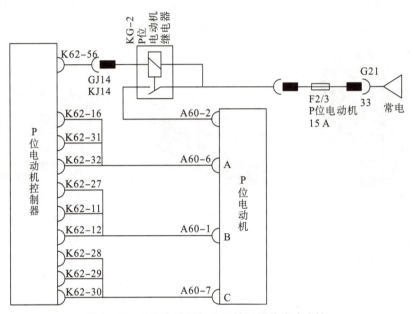

图 1-18　P 位电动机与 P 位控制器的线路连接

3. 挡位控制器控制原理

当车辆启动后，电动机控制器采集电子换挡操纵装置的挡位信号及加速踏板的加速信号判断其挡位状态及驾驶员意图，通过 CAN 线将扭矩传递给电动机控制器；电动机控制器根据指令信号，控制输出三相电相序，实现车辆的前进、后退。组合仪表通过 CAN 线，接受车辆的挡位、速度及驱动电机转速信号，并在显示屏上显示，给驾驶员提供车辆运行信息。

1.2.1.4　DC/DC 功率变换器总成

DC/DC 功率变换器是电池包高压直流与低压直流相互转换的装置，负责将动力电池的高压电源转换成低压电源；其在主接触器吸合时工作，输出的低压电源供给整车用电器工作，并且可给电池充电。DC/DC 总成框图如图 1-19 所示。

1. 降压

负责将动力电池的高压电转换成 13.5 V 的低压电。DC/DC 总成在主接触吸合时工作，输出的 13.5 V 电源供给整车用电器工作，并且在低压电池亏电时给低压电池充电。

2. 升压

当动力电池电量不足时，DC/DC总成将发电机发出的电，供给整车低压用电器，用电器用电后多余的电量升压后给动力电池充电及空调用。

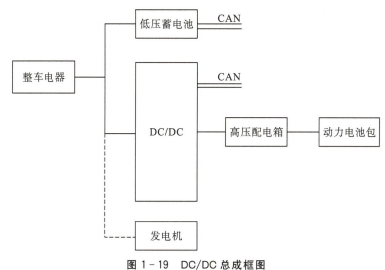

图 1-19 DC/DC 总成框图

1.2.1.5　电池管理系统

电池管理系统 BMS(battery management system)的主要功能包括监测动力电池单体的电压、电流、温度，绝缘检测和高压互锁检测，在线诊断与报警，充放电与预充控制，均衡管理和热管理，通信等。动力电池为驱动车辆提供动力源，电压大多在 100～400 V，输出电流可达 300 A，动力电池的容量影响整车的续航里程，同时也影响充电效率。

BMS 通过通信接口分别与无线通信单元及显示单元连接，采集单元的输出端与 BMS 的输入端连接，BMS 的输出端与控制单元的输入端连接，控制单元分别与蓄电池组及电气设备连接，BMS 通过无线通信单元与服务器端连接。

1.2.1.6　制动开关

当驾驶员踩下制动踏板，表现制动或减速意图时，该开关将踏板位置信号转换成电压信号，通过硬线传递给 VCU。制动踏板开关内部有两组开关，一组为常闭开关，一组为常开开关。VCU 通过两组开关输出电压的变化判断驾驶员的制动或减速意图。

制动踏板开关信号传递路线如图 1-20 所示。

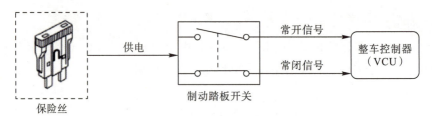

图 1-20　制动开关信号传递路线

1.2.2　新能源汽车驱动电控系统检修

1.2.2.1　整车控制器拆卸与安装

1. 拆卸维修前准备

(1)通过 VDS2000 解除防盗密钥。

(2)点火开关调至 OFF 挡。

(3)低压蓄电池断电。

(4)拆卸主驾驶座椅。

2. 拆卸步骤

(1)拔掉整车控制器低压接插件。

(2)按照要求拧松并取出紧固螺栓。

(3)将整车控制器取出。

3. 安装步骤

(1)整车控制器通过两个螺母与车身上的预埋固定螺栓连接固定。

(2)整车控制器的接插件朝向车前方向。

(3)按照拧紧力矩要求上紧安装脚固定螺栓。

(4)安装整车控制器低压接插件。

(5)开启防盗密钥。

1.2.2.2　加速踏板位置传感器的检测

加速踏板位置传感器又称为油门踏板位置传感器，加速踏板位置传感器决定着车辆速度与功率控制，图 1-21 为加速踏板位置传感器线路原理图，从中可以看出，加速踏板位置传感器由两个传感器组成，加速踏板位置传感器(油门踏板位置传感器)2 作为主信号，1 作为辅助信号，如果传感器 1 出现故障，VCU 将采用传感器 2 信号作为依据，对车辆进行控制，如果传感器 2 出现故障，VCU 无法确定驾驶人对车辆运行的转矩需求，MCU 无法控制驱动电机输出电流，车辆将不能行驶。在线路原理图中分别有各自的供电电源、搭铁和信号线路，加速踏板位置传感器(油门踏板位置传感器)1 的信号电压范围为 0.73~4.49 V、2 信号电压范围为 0.35~2.25 V。

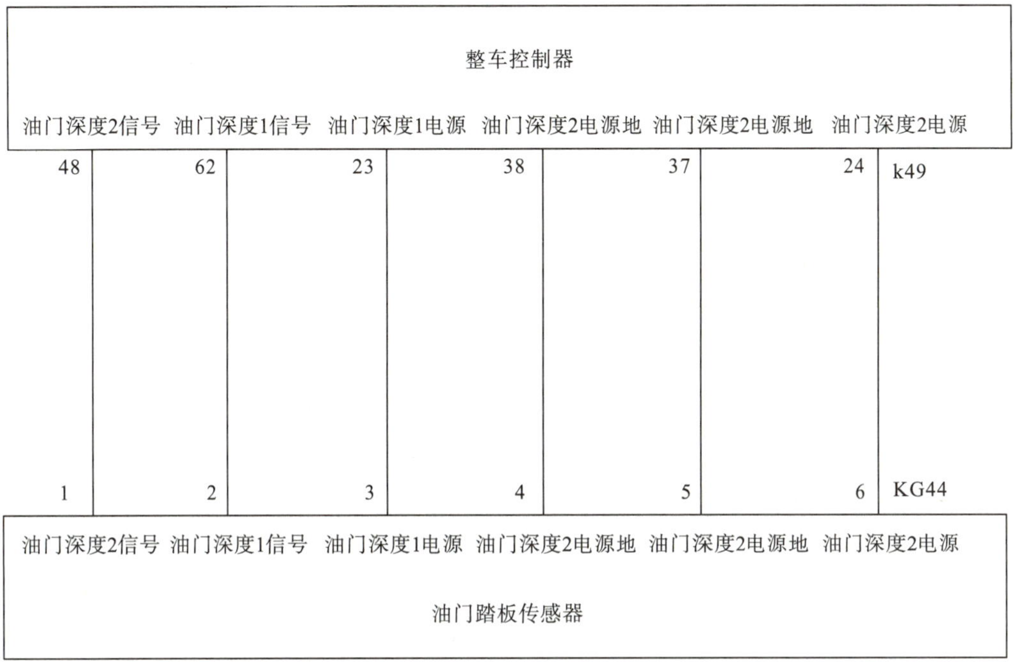

整车控制器					
油门深度2信号 油门深度1信号	油门深度1电源	油门深度2电源地	油门深度2电源地	油门深度2电源	
48　　　　　62	23	38	37	24	k49
1　　　　　2	3	4	5	6	KG44
油门深度2信号 油门深度1信号	油门深度1电源	油门深度2电源地	油门深度2电源地	油门深度2电源	
油门踏板传感器					

图 1-21　加速踏板位置传感器电路图

其检测方法如下：

(1) 检测加速踏板位置传感器的供电。

断开加速踏板位置传感器的插接器 KG44，用万用表检测加速踏板位置传感器 1 和 2 的 KG44-3 和 KG44-6 分别与接地的电压，标准值为 5 V，如异常，则进一步检测及维修。

(2) 检测加速踏板位置传感器的接地。

断开加速踏板位置传感器的插接器 KG44，用万用表检测加速踏板位置传感器 1 和 2 的 KG44-4 和 KG44-5 分别与接地的电压，标准值为小于 1 V，如异常，则进一步检测及维修。

(3) 检测加速踏板位置传感器的信号。

打开点火开关，用万用表检测 K49-62 和 K49-48 分别与接地的电压，标准值为 1 个传感器的信号电压是另一个传感器信号电压的 2 倍，如异常，则进一步检测及维修。

1.2.2.3　挡位控制器检测

1. P 挡电动机控制器故障模式

整车出现的与 P 挡电动机控制器相关的故障主要为 P 挡无法正常解锁和锁止，可能导致此问题出现的故障：

(1)电压故障。

(2)通信故障。

(3)P挡电动机继电器回路失效。

(4)P挡电动机驱动回路故障。

(5)霍尔回路故障。

2. 故障模式下的检测

1)电压故障

出现电压故障时,仪表会报动力系统故障,故障原因可能是P挡电动机控制器三相驱动电压有一相、两相或三相电压低于9 V。

检修方法:

(1)检查蓄电池电压,用万用表测量蓄电池电压,标准电压值:11～14 V。

(2)检查P挡电机控制器电压输入,拔下P挡电机控制器低压接插件,用万用表测量输入电压。图1-22为比亚迪e6汽车P挡电机控制器K16低压接插件线束端。根据P挡电动机控制器控制电路,得知K16-17端子是电动机控制器点火供电(IG1)端子,K16-19端子是电动机控制器常供电端子,因此分别检测K16-17与车身地之间、K16-19与车身地之间的电压,正常值:9～16 V。如果电压值均正常,则更换P挡电动机控制器,如果电压值低于9 V,则检查P挡电动机控制器各路保险。

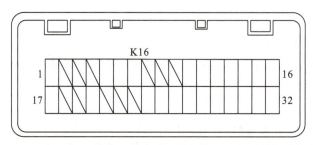

图1-22 比亚迪e6汽车P挡电动机控制器K16低压接插件线束端

(3)检查P挡电动机控制器保险,比亚迪e6汽车P挡电动机控制器的电路图如图1-24所示,从图中可以看出P挡电动机控制器两路电源有两路保险,分别是F2/28 15A保险和F2/8 7.5A保险。用万用表点在保险两端,查看保险是否导通,如果不导通,则更换相应保险;如果导通,则检查线束。

2)通信故障

挡位控制器如果出现通信故障,首先使用VDS2000读取挡位控制器数据流,如果挡位控制器数据流异常,参考维修手册进行检测,如果挡位控制器数据流正常,使用VDS2000继续读取VCU数据流,如果VCU数据流异常则更换整车控制器。或者连接示波器检测挡位控制器的CAN_H(K16-6)和CAN_L(K16-7)端波形,如图1-23

所示，如果波形异常，进一步检查与维修。

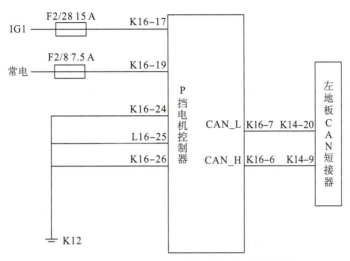

图1-23 比亚迪e6汽车P挡电动机控制器控制电路

任务实施

1. 作业说明

造成出现换挡后加速异常故障的可能原因是加速踏板位置传感器故障、挡位传感器及挡位控制机构故障、整车控制器故障等。因此，需要检测加速踏板位置传感器、挡位传感器及挡位控制器、整车控制器等，通过重新修复线束或更换部件来消除故障。本作业在进行高压安全防护及断电的情况下进行。

2. 技术标准与要求

油门踏板1信号电压	V
油门踏板2信号电压	V
挡位控制器 CAN_H	V
挡位控制器 CAN_L	V

注：请学员查阅维修资料后填写。

3. 设备器材

（1）设备与零件总成。

(2)常用工具。

_____

_____

(3)耗材及其他。

_____

_____

注:请学员根据场地实际设备器材填写。

4. 作业流程

(1)做好安全防护,清洁并校准万用表和示波器。

(2)根据故障现象,进行故障分析和症状检查。

(3)检查蓄电池电压。标准电压值:11~14 V,如果电压值低于11 V,在转至下一步前对蓄电池充电或更换蓄电池。

(4)参照故障症状表,如表1-5所示,分析故障原因及部位。

表1-5 故障症状表

故障部件	可能发生故障的部位
无法运行	制动开关及电源、信号线路
	VCU通信及相关线路
	加速踏板位置传感器
换挡异常	挡位传感器及相关线路
	挡位控制器及相关线路
	线束及连接器故障

(5)用故障诊断仪诊断,把故障诊断仪连接到DLC口上,读取故障码,如果无故障码输出,则进行第(6)步;如果有故障码输出,则进行第(7)步。

(6)全面分析与诊断。

(7)调整、维修或更换。

(8)确认测试。

5. 填写考核工单

一、查询并记录发动机信息					
品牌		整车型号		生产日期	
发动机型号		驱动电机型号		动力电池额定电压	
发动机排量		额定功率		额定容量	
车辆识别代码				行驶里程	

二、查询用户手册，记录指定控制模块端子针脚信息并检测

1. 加速踏板位置传感器端子针脚信息查询

针脚	线束颜色	端子说明	针脚	线束颜色	端子说明

2. 加速踏板位置传感器检测（暂停波形读取后请考官确认）

电路图：		针脚	颜色	端子含义

加速踏板位置传感器控制电路	第____章第____页	加速踏板位置传感器编号	

项目	检测参数	标准值	测量值	判定
检查加速踏板1信号				正常☐ 异常☐
检查加速踏板2信号				正常☐ 异常☐
检查加速踏板1电源				正常☐ 异常☐
检查加速踏板2电源				正常☐ 异常☐
检查加速踏板1接地				正常☐ 异常☐
检查加速踏板2接地				正常☐ 异常☐

3. 挡位控制器端子针脚信息查询

针脚	线束颜色	端子说明	针脚	线束颜色	端子说明

4. 挡位控制器检测（暂停波形读取后请考官确认）

电路图：			针脚	颜色	端子含义

挡位控制器控制电路	第____章第____页	挡位控制器编号	
项目	检测参数	标准值	测量值	判定
检查供电				正常□ 异常□
检查CAN_H信号				正常□ 异常□
检查CAN_L信号				正常□ 异常□

自我测试

(1) 简述新能源汽车驱动电控系统组成。

_____
_____
_____

(2) 简述挡位控制系统的组成及原理。

_____
_____
_____

(3) 简述加速踏板位置传感器检测流程及技术要点。

_____
_____
_____

拓展学习

驱动电机用绝缘材料的发展趋势

伴随着近年来电动汽车产业的兴起，电动汽车驱动电机技术正在不断发展。电动汽车驱动电机极力追求高速、高功率密度、轻量小型化、高可靠性，性能优异的绝缘材料是提升电动汽车驱动电机可靠性和高功率密度的重要基础，是持续发展高频高压高温内油冷驱动电机的技术支撑。随着 SiC、GaN 等高频、高压、高功率电子器件在电动汽车驱动电机控制器中的应用，电动汽车驱动电机的额定电压、频率都将显著升高。由于驱动电机控制器高压、高频 PWM 调制对驱动电机绕组产生了过高的介电应力，导致驱动电机的绝缘材料/绝缘系统产生严重的局部放电及电晕腐蚀，加剧了绝缘材料/绝缘系统的介质损耗与发热，加速了绝缘材料/绝缘系统的电热老化。此外，随着电动汽车驱动电机不断朝着高功率密度、高效率方向发展，Hair-pin 发卡绕组或传统 TypeⅡ绝缘结构的使用会越来越普遍，这无疑会导致电动机绕组发热加剧、温升提高，从而加速绝缘材料/绝缘系统的热老化。以上种种趋向都对电动汽车驱动电机用的绝缘材料及绝缘系统提出了更高的技术要求，绝缘材料行业正面临着前所未有的挑战和发展机遇。

任务 1.3

底盘系统电子控制电路检修

任务引入

某顾客的比亚迪秦 Plus DM-i 混合动力汽车在电源挡位处于"ON"挡时，转向系统的故障指示灯常亮，经企业骨干技师进行综合诊断后，将问题锁定在电控转向系统上，需对底盘系统电控部件进行检测维修。

学习目标

(1) 掌握新能源汽车底盘电控系统的组成与工作原理。
(2) 掌握电控转向系统、电子驻车系统的结构原理。
(3) 能够正确使用常用的拆装工具、检测仪器设备。
(4) 能够按照工艺规范进行新能源汽车底盘电控系统的检测。
(5) 严格执行工艺规范，重视安全生产。
(6) 培养不畏艰难、吃苦耐劳的职业精神。

知识准备

1.3.1 新能源汽车底盘电控系统概述

现代汽车底盘采用了大量的电控系统，增加了许多新的功能，使得驾驶更加简单方便，乘坐更加舒适安全。底盘电控系统按照汽车结构和总成控制功能可分为驱动控制、制动控制、转向控制、车身姿态控制和综合控制等。

其中驱动控制技术包括牵引力控制、巡航控制等；制动控制包括制动防抱死、制动压力辅助控制等；转向控制包括电动助力转向、四轮转向控制等；车身姿态控制包括半主动/

主动悬架、车身高度调节、抗侧倾控制等；综合控制包括防滑控制、稳定性控制等。

1.3.1.1 新能源汽车底盘电控系统组成

新能源汽车底盘电控系统由电控助力转向系统、电子驻车系统、电控悬架系统等组成。

1. 电控助力转向系统的定义

电动助力转向系统 EPS(electric power steering)，是指利用 EPS 电动机提供转向动力，辅助驾驶员进行转向操作的转向系统。该系统和其他控制系统一样，是由传感器(扭矩转角传感器、车速传感器)、控制器(EPS 电子控制单元)、执行器(EPS 电动机)及相关机械部件组成的。

2. EPS 系统的功能

1) 回正控制功能

转向时，由于转向轮主销后倾角和主销内倾角的存在，使得转向轮具有自动回正的作用。EPS 系统在机械转向机构的基础上，增加了 EPS 电动机和减速机构。EPS 系统通过 EPS 电子控制单元对 EPS 电动机进行转向回正控制，与前轮定位产生的回正力矩一起进行车辆的转向回正动作，使转向盘迅速回正，抑制转向盘振荡，保持路感，提高转向灵敏度和稳定性，优化转向回正特性，缩短了收敛时间。回正控制通过调整回正补偿电流，产生回正作用转矩，该转矩沿某一方向使转向轮返回到中间位置。

2) 阻尼控制功能

车辆高速行驶时，通过控制阻尼补偿电流进行阻尼控制，增强驾驶员路感，改善车辆在高速行驶情况下转向的稳定性。

3. EPS 系统的组成

EPS 系统通常由扭矩及转角传感器、车速传感器、EPS 电子控制单元、EPS 电动机、相关机械结构组成。

EPS 系统由 EPS 电动机提供助力，助力大小由 EPS 电子控制单元实时调节与控制。根据车速的不同提供不同的助力，改善汽车的转向特性，减轻停车泊位和低速行驶时的操纵力，提高高速行驶时的转向操纵稳定性，进而提高了汽车的主动安全性。电动助力转向系统的组成如图 1-24 所示。

4. EPS 系统工作原理

EPS 系统工作原理如图 1-25 所示，当汽车转向时，扭矩及转角传感器把检测到的扭矩及角度信号的大小、方向经处理后传给 EPS 电子控制单元，EPS 电子控制单元同时接收车速传感器检测到的车速信号，然后根据车速传感器和扭矩及转角传感器的信号决定电动机的旋转方向和助力扭矩的大小。同时电流传感器检测电路的电流，对驱动电路实施监控，最后由驱动电路驱动电机工作，实施助力转向。EPS 系统控制电路图如图 1-26 所示。

模块一
新能源汽车电子控制电路检修

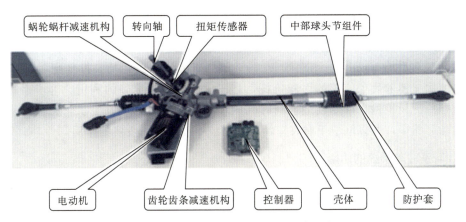

图1-24 电动助力转向EPS系统组成

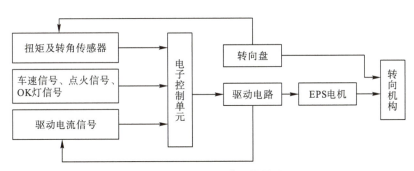

图1-25 EPS系统工作原理

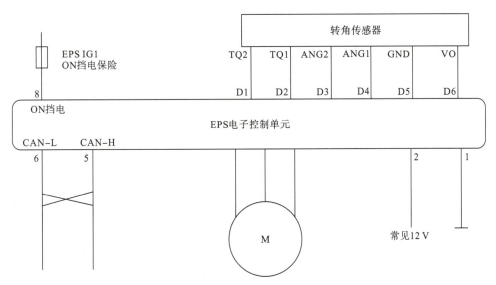

图1-26 EPS系统控制电路图

1.3.1.2 电子驻车系统概述

1. 电子驻车系统的定义

电子驻车系统 EPB(electric power braking)与传统手刹相比,操作更为简单且省力,它使用按钮取代了传统的手刹拉杆,让车内空间得到更好的利用。电子手刹配合各种电控单元及机构,可以在适当的时候刹车和驻车。而由于电子手刹的执行机构只接受电信号指令,所以电子手刹在车辆防盗系统中也起到很重要的作用。

2. 电子驻车系统的功能

(1)自动驻车:整车熄火至 OFF 挡或挡位在 P 挡,系统会自动启动驻车。

(2)手动驻车:手动操作电子驻车开关向上抬起,系统驻车启动。

(3)踩油自动释放驻车:启动车辆,挡位在 D 挡或 R 挡,此时驻车系统已启动,轻踩油门,驻车系统会依据路面情况释放。

(4)换挡自动释放:启动车辆,挡位在 P 挡或 N 挡,电子驻车已启动,踩制动换挡至 R 挡或 D 挡,EPB 自动释放。

(5)手动释放驻车:启动车辆,切换到非 P 挡位,手动操作电子驻车开关向下压,系统取消驻车。

(6)应急制动功能:行驶过程中,在制动失效的情况下,可以使用电子驻车系统强制制动。

3. 电子驻车系统基本组成

EPB 是将行车过程中的临时性制动和停车后的长时性制动功能整合在一起,并且由电子控制方式实现停车制动的技术。电子驻车系统由 EPB 总成、轮速传感器、方向盘转角传感器、偏航率传感器等组成,如图 1-27 所示。

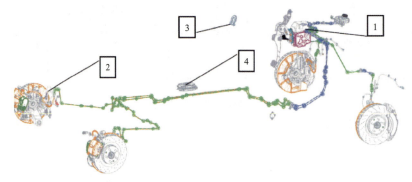

1—带电控单元的 EPB 总成;2—轮速传感器;3—方向盘转角传感器;4—偏航率传感器。

图 1-27 EPB 系统结构

4. 电子驻车系统控制原理

电子驻车系统的主要组件:电子驻车开关、左右驻车电动机、电子驻车模块,其控制原理是当需要驻车制动时，EPB按钮被按下，按钮操作信号反馈给电控单元，由电控单元控制电动机和行星减速齿轮机构工作，对左右后制动钳实施制动（图1-28）。

常用的自动控制功能有两种，一种是系统在车辆熄火后，通过整车CAN与该系统电控单元联合控制电动机，对左右后制动钳实施制动；另一种是坡度驶离，在坡道车辆起步时，EPB电控单元控制左右后轮制动钳，使其自动松开，车辆自动驶离。

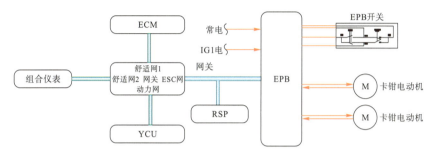

图1-28 电子驻车系统的控制原理

1.3.2 新能源汽车底盘电控系统检修

1.3.2.1 电控转向(EPS)控制电路的检测

EPS控制电路如图1-29所示，检测步骤如下：

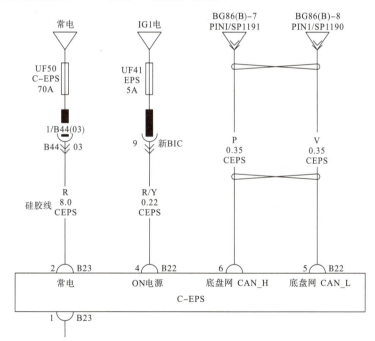

图1-29 EPS控制电路图

(1) 检测供电。从 B23 后端引线，上电至 ON 挡，用万用表直流 20 V 挡位检测 EPS B23-2 号端子的供电电压，标准值：10～16 V。

(2) 检测搭铁。从 B23 后端引线，上电至 ON 挡，用万用表直流 20 V 挡位检测 EPS B23-1 号端子的接地电压，标准值：小于 1 V。

(3) 检测 CAN 线线束。从 B22 后端引线，上电至 ON 挡，用示波器分别读取底盘网 CAN_H B22-5 和 CAN_L B22-6 端子波形，其标准波形如图 1-30 所示。

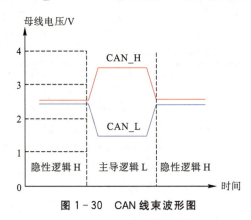

图 1-30 CAN 线束波形图

1.3.2.2 电子驻车(EPB)控制电路的检测

EPB 控制电路如图 1-31 所示，检测步骤如下：

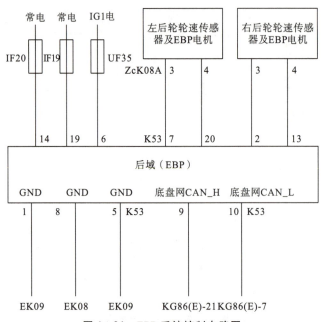

图 1-31 EPB 系统控制电路图

（1）检查保险：检查保险 IF19、IF20、UF35 是否正常导通。

（2）电源及接地检查：断开 EPB 连接器 K53；用万用表检查端子之间的电压和电阻，如表 1-6 所示。

表 1-6　检测内容及条件

端子	测试条件	正常值
K53-14—接地	常电	11～14 V
K53-19—接地	常电	11～14 V
K53-6—接地	ON 挡	11～14 V
K53-1—接地	始终	小于 1 Ω
K53-5—接地	始终	小于 1 Ω
K53-8—接地	始终	小于 1 Ω

（3）检测 CAN 线线束：断开插件 K53，用示波器分别读取底盘网 CAN_H K53-9 及 CAN_L K53-10 端子的波形与标准波形对比，如不一致，则进行进一步检查。

（4）电动机的检测：OFF 挡，断开 EPB 左电动机接插件 ZcK08A；断开 EPB 插接件 K53；用万用表导通挡检测 K53-7 与 ZcK57-3、K53-20 与 ZcK57-4 线路导通性，正常应为始终导通（小于 1 Ω）。如检测结果异常，则更换线束。

（5）检测 EPB 插接件是否插紧。如异常，插紧接插件，如正常，更换 EPB。

任务实施

1. 作业说明

造成电控转向系统 EPS 指示灯异常点亮的原因是 EPS 系统中相关部件及线路故障。因此，需要检测相关部件及控制线路来排除电路故障。本作业在进行高压安全防护及断电的情况下进行。

2. 技术标准与要求

供电电压	V
CAN 线（CAN_H）	V
CAN 线（CAN_L）	V

注：请学员查阅维修资料后填写。

3. 设备器材

(1)设备与零件总成。

_____

_____

(2)常用工具。

_____

_____

(3)耗材及其他。

_____

_____

注：请学员根据场地实际设备器材填写。

4. 作业流程

(1)做好安全防护，清洁并校准万用表和示波器。

(2)根据故障现象，进行故障分析和症状检查。

(3)检查蓄电池电压。标准电压值：11~14 V，如果电压值低于11 V，在转至下一步前对蓄电池充电或更换蓄电池。

(4)参照故障症状表，如表1-7所示，分析故障原因及部位。

表1-7 故障症状表

故障部件	可能发生故障的部位
电控转向系统不工作	EPS助力电动机故障
	控制模块故障
	转角传感器、扭矩传感器故障
电控制动系统不工作	EPB总成
	控制模块故障
	方向盘传感器、偏航传感器故障

(5)用故障诊断仪诊断，把故障诊断仪连接到DLC口上，读取故障码，如果无故障码输出，则进行第(6)步；如果有故障码输出，则进行第(7)步。

(6)全面分析与诊断。

(7)调整、维修或更换。

(8)确认测试。

5. 填写考核工单

一、查询并记录车辆信息					
车辆品牌		整车型号		续航里程	
电动机类型及功率			电池类型及额定电压		
行驶里程			车辆识别代码		

二、查询用户手册，记录指定电子元件及模块端子引脚信息并检测

1. EPS 控制电路端子引脚信息查询

电路图页码：第____章第____页

引脚	线束颜色	端子说明	引脚	线束颜色	端子说明

2. EPS 控制电路的检测

电路图：		针脚	颜色	端子含义

EPS 控制电路步骤		第____章第____页	控制电动机编号	
项目	检测参数	标准值	测量值	判定
检查保险				正常□　异常□
检查供电、接地				正常□　异常□
				正常□　异常□
				正常□　异常□
检测 CAN 线束				正常□　异常□
				正常□　异常□
检查助力电动机运行情况				正常□　异常□
				正常□　异常□

自我测试

(1) 简述新能源汽车底盘电控系统组成。
_____
_____
_____
_____

(2) 简述新能源汽车电子驻车系统(EPB)的结构原理。
_____
_____
_____
_____

(3) 简述电控转向控制电路检测流程及技术要点。
_____
_____
_____
_____

参考答案

拓展学习

比亚迪黑科技之 DiSus-C 智能电控主动悬架

在燃油车时代，主动悬架和四驱系统是高端车的身份象征；在新能源时代，比亚迪已经掌握了技术要领，汉 EV 搭载了 DiSus-C 智能电控主动悬架，比亚迪海豹使用 iTAC 智能扭矩控制系统。

比亚迪新能源汽车针对底盘悬架加入了 DiSus-C 智能电控主动悬架系统。该系统是一套主动悬架系统，它的最大亮点就是加入了电脑主动控制，可以实时根据路况来对减振的软硬程度进行微调。它由传感器、控制器、执行元件等组成。它利用速度感应器、车高传感器、车身惯性传感器高频采集车速、加速度等车辆姿态信息，再把相关信息传输到主动悬架控制器计算。最后主动悬架控制器向四轮减振器输出软硬不同的阻尼控制，通过控制四个减振器内部电磁阀的开闭大小来实现动态调整悬架软硬的目的。

DiSus-C 智能电控主动悬架相对于常见的空气悬架虽然不能调节车辆的高低，但它通过调整阻尼控制阀开口的大小，来实时对减振阻尼进行微调，以达到最佳的软硬程度，实现车辆舒适性和运动性能的完美结合。

DiSus-C智能电控主动悬架相对于传统的空气悬架，它的最大优点就是能够满足各种工况下的用车需求。即使在车辆急加速、加减速、转弯或变道、颠簸等情况下，通过主动调节悬架，车辆能始终保持平稳姿态，操控极限较高。随着新能源汽车时代的来临，汽车科技和软件、数字科技的融合程度也越来越高。

车身系统电子控制电路检修

任务引入

一辆 120 km 版（旗舰型）比亚迪秦 Plus DM-i 混合动力汽车，客户反映车辆上电后前雨刮器工作 9 次以后停止，退电重新上电后再次工作 9 次，需对雨刮各电控部件进行检测维修。

学习目标

（1）掌握新能源汽车车身电控系统的组成与工作原理。
（2）掌握电动雨刮系统、电动车窗系统的结构原理。
（3）能够正确使用常用的拆装工具、检测仪器设备。
（4）能够按照工艺规范进行新能源汽车车身电控系统的检测。
（5）严格执行工艺规范，重视安全生产。
（6）培养良好的职业道德、无私奉献的职业精神。

知识准备

1.4.1 新能源汽车车身电控系统概述

1.4.1.1 新能源汽车车身电控系统组成

新能源汽车车身电控系统由电动雨刮系统、电动车窗系统等组成。

1. 电动雨刮系统的作用及结构

电动雨刮系统的作用是去除风窗玻璃上的水、雪及沙尘，保证在不良天气下驾驶人仍具有良好的视线。目前在汽车上广泛采用的电动雨刮系统，具有高速、低速及间歇三个工作挡位和自动回位功能，部分汽车上还安装了感应式自动雨刮系统，能够通过雨量传感器感应雨滴的大小，自动调节刮水器运行速度，为驾驶人提供良好的视野，从而大大提高雨天驾驶的方便性和安全性。

电动雨刮系统主要由雨刮系统开关和电动雨刮器两大部分组成。雨刮系统组合开关如图1-32所示。

电动雨刮器由刮水臂、刮水片、摇臂、蜗轮蜗杆减速装置、雨刮电动机、拉杆、摆杆、铰接式刮水片架组成，如图1-33所示。电动机旋转带动蜗轮蜗杆减速机构，使与蜗轮轴相连的摇臂带着两侧拉杆进行往复运动，拉杆则通过摆杆带着左、右刮水器架进行往复摆动，安装在刮水器架上的橡皮刮水器便刷去风窗玻璃上的雨水、雪和灰尘。

图1-32 雨刮系统组合开关

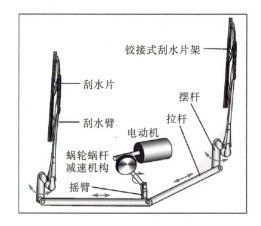

图1-33 电动雨刮器结构

2. 电动雨刮系统的工作原理

电动雨刮系统通过雨刮组合开关中的操纵手柄对雨刮器高速、低速、间歇及自动等工作挡位进行控制。在间歇挡位，可通过控制频率调节旋钮，设置雨刮摆动的频率，同时实现随车速高低而快慢不同。

雨刮系统的动力源于雨刮电动机，是雨刮系统的核心部件，一般采用直流永磁电动机，并与减速装置构成一体。减速机构的作用是减速增扭，用于带动刮水连杆机构，连杆机构将电动机的旋转运动转变为刮臂的往复运动，从而实现雨刮动作。

比亚迪秦Plus DM-i车型雨刮系统工作原理图如图1-34所示。雨刮组合开关将信号传递给左车身控制器，左车身控制器根据此信号控制雨刮开关继电器吸合，给雨刮速度继电器开关供电，同时，根据雨刮速度挡位，控制雨刮速度继电器位置，使雨刮电动机连接正确的低速或高速电源。

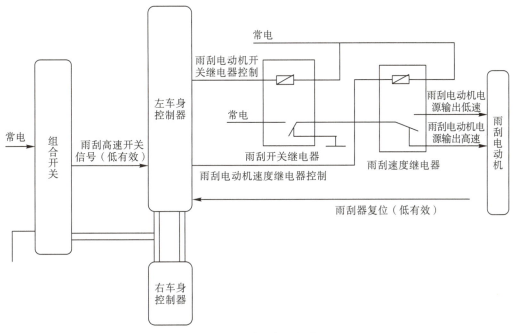

图 1-34　雨刮系统工作原理图

间歇挡的控制：当雨刮开关打到间歇挡时，雨刮开关将间歇挡信号传递给组合开关模块，组合开关模块再将此信号通过 CAN 总线传递给左车身控制器，左车身控制器通过控制雨刮速度继电器闭合和打开的时间来控制间歇挡。

自动雨刮系统通过雨量传感器来感知雨水的存在自动刮刷，并根据雨量的大小来调节雨刮刮刷的频率，自动雨刮在使用时能给驾驶员带来极大的便利，不用随时随地根据雨量大小来手动调节雨刮的刮刷频率。自动雨刮开关如图 1-35 所示。

图 1-35　自动雨刮开关

3. 自动雨刮开关的功能

（1）前雨刮点动刮刷。向图1-35中A方向拨动手柄然后放开，拨动一次，雨刮刮刷一次，此挡位适合玻璃上出现少量水渍时，手动刮刷一次，清除玻璃上的水渍。

（2）前雨刮关闭。将手柄拨到OFF位置可关闭前雨刮。

（3）前雨刮自动刮刷。向图1-35中B方向拨动手柄到AUTO位置，前雨刮执行自动刮刷操作。

（4）前雨刮低速刮刷。向图1-35中B方向拨动手柄到LO位置，前雨刮执行低速刮刷操作。

（5）前雨刮高速刮刷。向图1-35中B方向拨动手柄到HI位置，前雨刮执行高速刮刷操作。

（6）前风窗洗涤。向图1-35中C方向拨动手柄，前风窗洗涤器喷水，松开手柄后，洗涤器停止喷水。

1.4.1.2 电动车窗系统

电动车窗系统通过操作车门饰板上的开关来使车窗升降，驾驶员座椅位置上通过左前门玻璃升降器开关装饰板上的主开关来操作各车窗的开关。电动车窗闭锁开关位于驾驶员侧前门饰板上，它可以使驾驶员有权限禁用所有乘客的车窗开关。只有当整车电源挡位处于ON/OK挡时，电动车窗系统才能工作。

1. 电动车窗系统组成

电动车窗系统主要包括左右车身控制器（左域、右域）、车窗电动机、车窗升降器、车窗控制开关等，如图1-36所示。

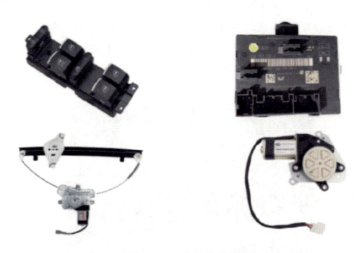

图1-36 电动车窗组成

玻璃升降器开关内部装有不同的电阻，操作开关位于不同的挡位时，通过开关内部的分压电阻改变信号线输出电压，控制单元将这些输入的信号电压和控制单元内部预先存储的玻璃升降器图谱动作数据电压对比，如果和其中一个图谱动作数据电压比对成功，玻璃升降器将有相应动作。车窗开关示意图如图 1-37 所示。

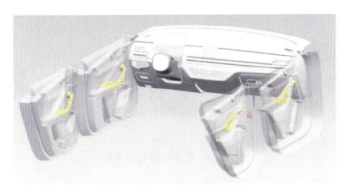

图 1-37 车窗开关示意图

2. 电动车窗系统控制原理

比亚迪秦 Plus DM-i 混合动力汽车的车窗系统控制原理如图 1-38 所示，当控制相应车窗的控制开关时，开关将信号传递给相应的车身控制器，由车身控制器根据开关信号控制相应车窗的电动机工作，实现车窗工作。

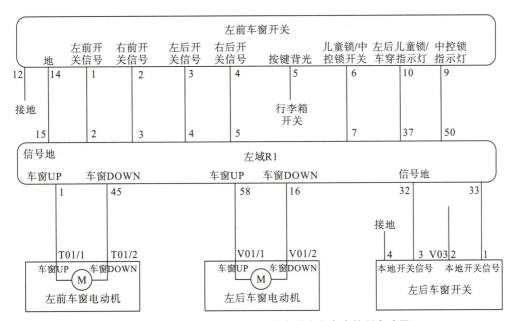

图 1-38 比亚迪秦 Plus DM-i 混合动力汽车窗控制电路图

1）左前车窗控制原理

左前车窗控制开关在主驾驶左侧门板上，当向上点动、向上一键、向下点动、向下一键时，开关就会将电源电压分压后作为信号输送给左域，左域将模拟信号转变为数字信号，并根据内部程序控制左前车窗电动机运行。左前车窗控制原理如图1-39所示。

图1-39　左前车窗控制原理

2）左后门玻璃升降器控制原理

当操作左前车窗控制开关上的左后玻璃升降器控制开关和左后车门门板的车窗控制开关时，不管是向上点动、向上一键、还是向下点动、向下一键，开关都会将电源电压分压后作为信号输出，并输送给左域，左域将模拟信号转变为数字信号，并根据内部程序控制左后车窗电动机的运行。左后车窗控制如图1-40所示。

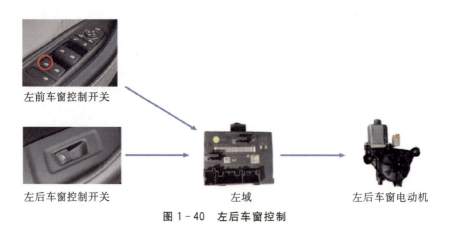

图1-40　左后车窗控制

3）右前车窗控制原理

当操作左前车窗控制开关上的右前车窗玻璃升降器控制开关时，不管是向上点动、向上一键、还是向下点动、向下一键，开关都会将电源电压分压后作为信号输出，并输送给左域，左域将模拟信号转变为数字信号，通过CAN总线传送给右域，右域根据内部程序控制右前车窗电动机的运行。

当操作右前车门的门板车窗控制开关时，不管是向上点动、向上一键、还是向下点动、向下一键，开关都会将电源电压分压后作为信号输出，并输送给右域，右域将模拟信号转变为数字信号，并根据内部程序控制右前车窗电动机的运行。右前车窗控制原理如图 1-41 所示。

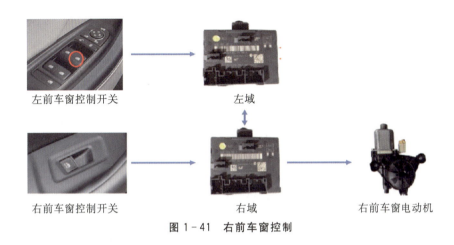

图 1-41 右前车窗控制

4）右后车窗控制原理

当操作左前车窗控制开关上的右后玻璃升降器控制开关时，不管是向上点动、向上一键，还是向下点动、向下一键，开关都会将电源电压分压后作为信号输出，并输送给左域，左域将模拟信号转变为数字信号，再通过 CAN 总线传送给右域，右域根据内部程序控制右后车窗电动机的运行。

当操作右后车门门板的车窗控制开关时，不管是向上点动、向上一键，还是向下点动、向下一键，开关都会将电源电压分压后作为信号输出，并输送给右域，右域将模拟信号转变为数字信号，并根据内部程序控制右后车窗电动机的运行。右后车窗控制如图 1-42 所示。

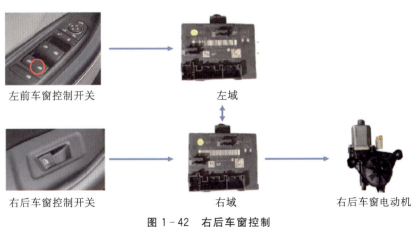

图 1-42 右后车窗控制

1.4.2 新能源汽车车身电控系统检修

1.4.2.1 电动雨刮控制电路检修

1. 雨刮组合开关的检查

雨刮组合开关电路如图 1-43 所示。

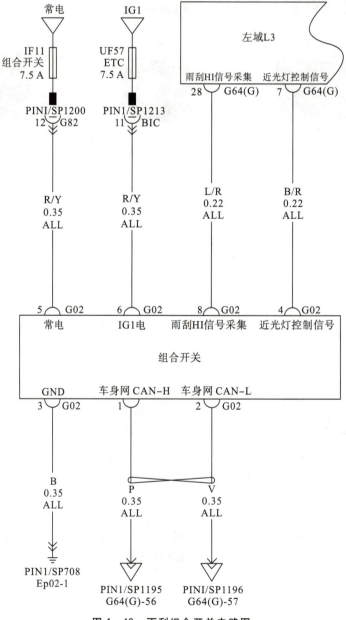

图 1-43 雨刮组合开关电路图

(1)检查组合开关电源:断开组合开关连接器 G02;电源打到 OK 挡;利用万用表直流 20 V 挡位检查 G02-5—车身地、G02-6—车身地,两个端子电压正常均应为 11~14 V。

(2)检查组合开关:不断开组合开关连接器 G02,电源打到 OK 挡,从 G02 后端引线,利用万用表直流 20 V 挡位检查 G02-8—车身地端子电压,组合开关打到 HI 挡,正常应为小于 1 V;G02-1—车身地端子电压,正常始终是 2.5 V;G02-2—车身地端子电压,正常始终是 2.5 V。

(3)检查 CAN 通信:断开 G02 连接器,断开蓄电池负极,用万用表电阻挡测 G02-1—G02-2 之间的电阻,正常应为 56~64 Ω。

2. 雨刮电动机电路的检测

雨刮电动机控制电路图如图 1-44 所示。

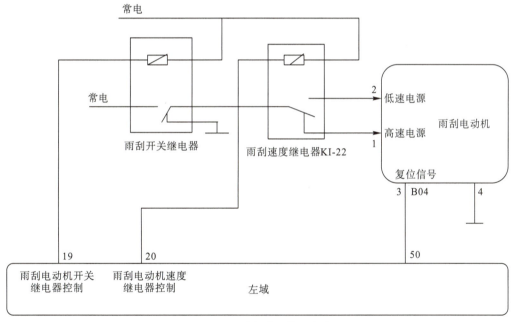

图 1-44　雨刮电动机控制电路图

(1)检查继电器 Kl-22:从继电器控制模块中拔下继电器,利用万用表电阻挡检查继电器端子。检测端子及标准电压如表 1-8 所示。

表 1-8　检测端子及标准电压

端子	条件	正常情况
3-5	1、2 脚加蓄电池电压	小于 1 Ω
3-5	1、2 脚悬空	大于 10 kΩ

续表

端子	条件	正常情况
3-4	1、2脚加蓄电池电压	大于10 kΩ
3-4	1、2脚悬空	小于1 Ω

（2）检查雨刮电动机：断开雨刮电动机连接器B04，给电动机对应端子通电，检查电动机运转状态；检测端子及标准电压如表1-9所示。

表1-9 检测端子及标准电压

端子	条件	正常情况
2-蓄电池正极 4-蓄电池负极	—	电动机低速运转
1-蓄电池正极 4-蓄电池负极	—	电动机高速运转
3-4	电动机停在非停止位	小于10 kΩ
3-4	电动机停在停止位	小于1 Ω

1.4.2.2 电动车窗控制电路检修

1. 左前车窗开关的检查

左前车窗开关连接器如图1-45所示，端子定义参考维修手册。

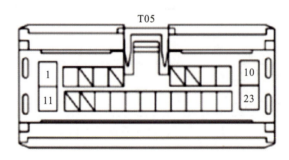

图1-45 左前车窗开关连接器示意图

左前车窗控制电路图如图1-46所示。

（1）检查电源：断开插接件T05，利用万用表直流电压20 V挡检测线束端的端子电压。

在常电条件下，T05(A)-19—车身地之间电压，正常值应为11～14 V；

在ON挡条件下，T05(A)-14—车身地之间电压，正常值应为11～14 V；

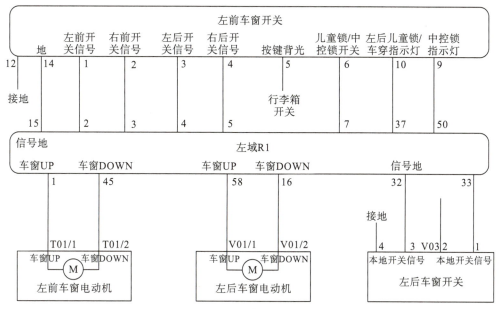

图 1-46 左前车窗控制电路图

T05(A)-9—车身地之间电压,正常在何种条件下都小于 1 V;

T05(A)-10—车身地之间电压,正常在何种条件下都小于 1 V。

(2)检查左后车窗的电动机控制:在 V01/1、V01/2 端子后端引线,利用万用表直流电压 20 V 挡检测两端子对地电压。

在 ON 挡,按按钮控制左后车窗上升时(控制左前车窗控制开关或左后车窗控制开关),检测 V01/1—车身地之间电压,正常应为 11~14 V;

在 ON 挡,按按钮控制左后车窗下降时(控制左前车窗控制开关或左后车窗控制开关),检测 V01/2—车身地之间电压,正常应为 11~14 V。

任务实施

1. 作业说明

造成雨刮系统工作异常的原因可能是雨刮系统中相关部件及线路故障。因此,需要检测相关部件及控制线路来排除电路故障。本作业在进行高压安全防护及断电的情况下进行。

2. 技术标准与要求

电源	
接地	

注:请学员查阅维修资料后填写。

3. 设备器材

(1)设备与零件总成。

_____

_____

(2)常用工具。

_____

_____

(3)耗材及其他。

_____

_____

注:请学员根据场地实际设备器材填写。

4. 作业流程

(1)做好安全防护,清洁并校准万用表和示波器。

(2)根据故障现象,进行故障分析和症状检查。

(3)检查蓄电池电压。标准电压值:11~14 V,如果电压值低于11 V,在转至下一步前对蓄电池充电或更换蓄电池。

(4)参照故障症状表,如表1-10所示,分析故障原因及部位。

表1-10 故障症状表

故障部件	可能发生故障的部位
雨刮洗涤系统都不工作	组合开关控制电路
	BCM 控制模块
	保险、前舱配电盒
	洗涤电动机
前雨刮电动机不工作	保险
	前雨刮器电动机电路
	组合开关控制电路
	前舱配电盒
	BCM
整个窗控系统不工作	左前玻璃升降器开关组配电
	玻璃升降器电动机电源电路
	整车电源

续表

故障部件	可能发生故障的部位
只有左前玻璃升降器可以动作，其他玻璃升降器均无法动作	左前玻璃升降器开关组
	线束
	仪表配电盒
左前、右前、左后、右后车窗开关无法控制左前、右前、左后、右后车窗升降	保险
	左前、右前、左后、右后车窗电动机
	左前、右前、左后、右后车窗开关
	线束

（5）用故障诊断仪诊断，把故障诊断仪连接到 DLC 口上，读取故障码，如果无故障码输出，则进行第（6）步；如果有故障码输出，则进行第（7）步。

（6）全面分析与诊断。

（7）调整、维修或更换。

（8）确认测试。

自我测试

（1）简述新能源汽车车身电控系统的组成及结构。

参考答案

（2）简述自动雨刮开关的原理及功能。

（3）简述电动车窗控制电路检测流程及技术要点。

新能源汽车电子电气空调**舒适技术**

拓展学习

雨刮系统的未来发展方向

雨刮电动机由电动机带动，通过连杆机构将电动机的旋转运动转变为刮臂的往复运动。从而实现雨刮动作，一般接通电动机，即可使雨刮器工作，通过选择高速、低速挡，可以改变电动机的电流大小，从而控制电动机转速进而控制刮臂速度。雨刮系统未来向延长使用寿命、智能化、降低成本这几个方向发展。

1. 延长使用寿命

雨刮电动机经过几十年的发展，目前的技术已经相对成熟。随着材料和电动机的进步，如何增加产品的使用寿命成了一个比较关键的问题。

2. 智能化

未来的汽车会朝着智能化的方向发展，雨刮电动机势必要与时俱进，比如处理器设计、机电驱动的设计都要比传统型产品有所提高。

3. 降低成本

汽车行业的增速这几年已经有所放缓，在逐渐增加整车性能的情况下，产品的性价比成为客户选择的关键。高性能低成本的产品在未来才会有竞争力。未来，小企业会逐渐地被收购和淘汰。市场会朝着更加集中的方向发展。

伴随着新一代的喷水式雨刮系统的问世，挡风玻璃的清洁系统开启了全新革命。喷水雨刮器将洗涤的喷头直接集成在雨刮器刮杆的连接头上，洗涤液可精准喷洒到雨刮片刮刷路径的前端，始终确保适量的清洗液喷洒在需要清洁的区域，此高效率的清洁模式，可以减少约50%的清洗液消耗。喷水式雨刮系统最大的便捷就是能够匹配标准雨刮片，无需任何特殊雨刮片，并适用于驾驶员熟知的更换雨刮片操作，简单易用。

5. 填写考核工单

一、查询并记录车辆信息					
车辆品牌		整车型号		续航里程	
电动机类型及功率			电池类型及额定电压		
行驶里程			车辆识别代码		

二、查询用户手册，记录指定电子元件及模块端子引脚信息并检测

1. 雨刮组合开关端子引脚信息查询

电路图页码：第____章第____页

引脚	线束颜色	端子说明	引脚	线束颜色	端子说明

2. 雨刮组合开关的检测

绘制雨刮组合开关电路图：

检测内容	检测参数	检测条件	正常值	检测值	判断
检查雨刮组合开关供电					正常□ 异常□
					正常□ 异常□
检测CAN线					正常□ 异常□
					正常□ 异常□
检查左域-组合开关信号					正常□ 异常□

3. 左前车窗开关端子引脚信息查询

电路图页码：第____章第____页

引脚	线束颜色	端子说明	引脚	线束颜色	端子说明

4. 左前车窗开关的检测

绘制左前车窗开关电路图：

检测内容	检测参数	检测条件	正常值	检测值	判断
检查左前车窗开关供电					正常□ 异常□ 正常□ 异常□
检查左后车窗电动机控制					正常□ 异常□

模块二

新能源汽车启动与充电系统检修

任务 2.1

混合动力电动汽车启动系统检修

任务引入

王先生的比亚迪秦 Plus DM-i 汽车最近出现 HEV 模式无法行驶，仪表故障灯点亮的现象。经省级技能大师综合诊断，读取高压控制器数据流后发现驱动电机转矩和转速均显示异常，将问题锁定在高压控制系统及驱动电机上，需对高压系统及驱动电机进行检测，对驱动部件进行拆检。

学习目标

(1)了解混合动力电动汽车的组成及原理。
(2)掌握混合动力电动汽车启动系统的结构和工作原理。
(3)能够按照工艺规范进行混联式混合动力电动汽车启动机的拆卸、装配与检测。
(4)能够规范使用拆装工具及检测仪器。
(5)严格执行工艺规范，重视安全生产。
(6)培养严谨认真、持之以恒的职业素养。

知识准备

2.1.1 混合动力电动汽车概述

2.1.1.1 混合动力电动汽车定义

混动动力电动汽车是指装备有两种或两种以上具有不同特点驱动装置的车辆。混合动力汽车的内燃机系统和电动机驱动系统共用一套机械变速机构，通过齿轮系或行星轮式结构结合在一起，从而综合调节内燃机与电动机之间的转速关系。根据助力装置的不同,它又分为以发动机为主的和以电动机为主的两种动力驱动形式。这两种动力驱动形式既可以单独驱动车辆,也可以共同协作。

2.1.1.2 混合动力电动汽车的分类

根据驱动系统能量流和功率流的配置结构关系,混合动力电动汽车可分为串联式、并联式、混联式。

串联式混合动力系统:车辆只通过电动机来驱动,内燃机与驱动轴没有机械连接。内燃机带动一个发电机,该发电机在车辆行驶时为电动机供电或者给高压蓄电池充电,如图 2-1 所示。

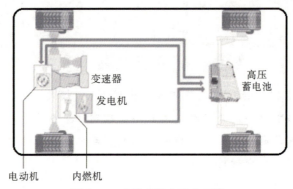

图 2-1 串联式混合动力系统

并联式混合动力系统:并联式混合动力系统结构简单,这种技术通常用于对已有车辆进行"混合动力化"。内燃机、电动机和变速箱安装于一根轴上。并联式混合动力系统通常配有一台电动机。内燃机和电动机各自输出功率的总和等于总输出功率。这种方案可以保留车辆上大部分的原有零部件,如图 2-2 所示。

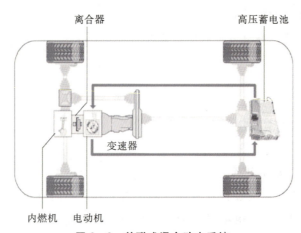

图 2-2 并联式混合动力系统

混联式混合动力系统：系统中除配有内燃机外，还配有一台电动机，两者均安装于前桥上。驱动力由内燃机和电动机共同提供，通过行星齿轮组传递给变速箱。与并联式混合动力系统设计不同，两种形式的动力输出并不能全部传递给车轮。其中一部分动力输出用于驱动车辆，而另一部分则以电能的形式储存在高压蓄电池中，如图2-3所示。

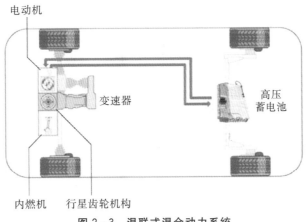

图2-3　混联式混合动力系统

按照两种不同能量的搭配比例不同，混合动力电动汽车可分为微混合型、中度混合型、全混合型。

微混合型：在这种动力方案中，电气组件（启动机/发电机）仅用于启动和停止功能。在制动时，部分动能可以转化为电能重新利用（能量再生）。车辆无法通过纯电力驱动行驶。

中度混合型：电力驱动用来辅助内燃机驱动车辆。电动机与发动机共同驱动车轮，在汽车需要更大动力时帮助"推"一下汽车，从而提高整车的起步和加速性能。这种混合动力系统中的电动机一般设置在发动机与变速箱之间，而不是独立设置。车辆无法通过纯电力驱动行驶。利用中度混合动力系统，可以在制动时回收更多的动能，并以电能的形式储存在高压蓄电池中。高压蓄电池及电气组件的额定电压和额定功率更高。由于电动机的辅助，内燃机可以在最佳的效率范围内启动，这被称为负载点推移。

全混合型：这种系统将功率更强的电动机和内燃机相结合，可以实现纯电力驱动。一旦达到规定条件，电动机即可辅助内燃机的运行。低速行驶时，完全由电力驱动。内燃机具备启动和停止功能。回收的制动能量可为高压蓄电池充电。内燃机和电动机之间的离合器，可以断开这两个系统之间的连接。内燃机仅在需要时介入。

根据有无外接充电电源，混合动力电动汽车可分为插电式混合动力汽车和普通混合动力汽车。

插电式混合动力汽车：介于电动汽车与燃油汽车两者之间的一种汽车。它既有传统汽车的发动机、变速箱、传动系统、油路、油箱,也有电动汽车的电池、电动机、控制电路,而且电池容量比较大,有充电接口。

普通混合动力汽车:动力电池容量很小,混动时一般通过制动回收动能为动力电池充电,或者利用车辆在行驶时发动机的多余功率驱动发电机充电。

驱动电机在动力系统中的位置分为 P0、P1、P2、P3、P4 和 PS。混动动力汽车按驱动电机的位置分类如图 2-4 所示。

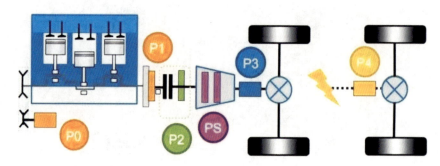

图 2-4　混动动力汽车按驱动电机的位置分类

P0:位于发动机前端,通过皮带与曲轴连接;
P1:位于发动机曲轴上;
P2:位于发动机与变速箱中间;
P3:位于变速箱后端,与发动机分享同一根轴、同源输出;
P4:位于无动力车轴,直接驱动车轮;
PS(也称为 P2.5):位于双离合器变速箱内部,与发动机各分享一个离合器。

2.1.1.3　混合动力电动汽车驱动模式

混合动力电动汽车使用发动机和电动机作为动力源,系统根据车辆各种行驶状态优化组合这两种动力源。就目前而言,混合动力电动汽车的驱动模式一般有发动机直驱模式、纯电(EV)模式驱动、串联模式驱动、并联模式驱动、动能回收模式等。

(1)发动机直驱模式:在高速巡航时,通过 EHS 系统内部的离合器模块将发动机动力直接作用于车轮,将发动机锁定在高效率区,同时,为了避免发动机能量的浪费,发电动机 P1 和驱动电机 P3 随时待命,在发动机功率有富余时,及时介入将能量转化为电能,存储在电池中,提高整个模式内能量的利用率,如图 2-5 所示。

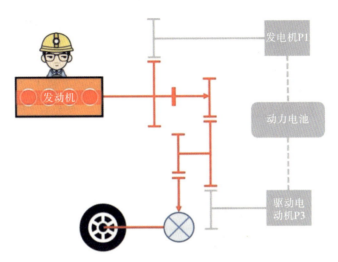

图 2-5 发动机直驱模式

(2)纯电(EV)模式驱动：在起步与低速行驶时，发动机不工作，驱动电机 P3 由动力电池供能驱动车辆，如图 2-6 所示。

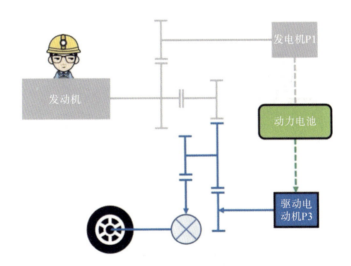

图 2-6 纯电模式驱动

(3)串联模式驱动：发动机带动发电机 P1 发电，通过电控将电能输出给驱动电机 P3，直接用于驱动车轮。在中低速行驶或者加速时，若 SOC 值较高，则整车控制策略会将驱动切换为纯电模式，发动机停机。若 SOC 值较低，则控制策略会使发动机工作在油耗最佳效率区，同时将富余能量通过发电机 P1 转化为电能，暂存到动力电池中，实现全工况使用不易亏电，如图 2-7 所示。

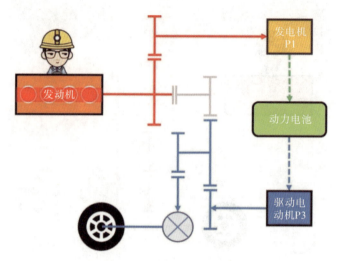

图 2-7 串联模式驱动

（4）并联模式驱动：当整车行车功率需求比较高时（比如高速超车或者超高速行驶），发动机会脱离经济功率，此时控制系统会让动力电池在合适的时间介入，提供电能给驱动电机 P3，与发动机形成并联模式，如图 2-8 所示。

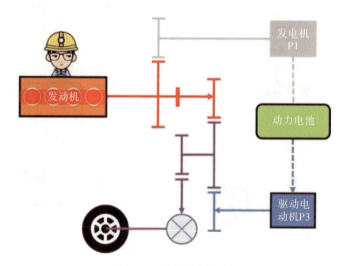

图 2-8 并联模式驱动

（5）动能回收模式：当制动时，动能通过驱动电机 P3 进行回收，如图 2-9 所示。

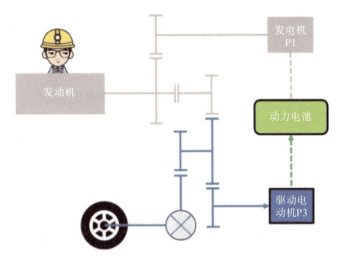

图 2-9 动能回收模式

2.1.2 混合动力电动汽车启动系统概述

2.1.2.1 混合动力电动汽车启动系统组成

混合动力电动汽车启动系统由发动机、发电机、电动机、储能装置、功率转换装置和控制装置等组成,如图 2-10 所示。在混动动力系统中,发动机作为一个高度可控的执行部件,只工作在部分高效工况区,主要承担着带动发电机发电及协同驱动电机对外输出动力等工作。

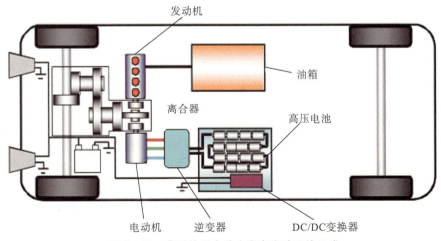

图 2-10 典型的混合动力汽车启动系统组成

2.1.2.2　混合动力电动汽车启动系统分类

BSG（皮带传动启动/发电一体化电动机）系统：驱动皮带-发电动机-启动机系统，该系统在发动机前端用皮带传递机构将电动机与发动机相连接，取代了原有的发电机，从而实现了混合动力系统的一体化。

ISG（集成启动/发电一体化电动机）系统：集成启动电动机系统，该系统除了实现发电机控制发动机的启动和停止外，还能实现在减速和制动工况下对部分能量进行吸收，在行驶过程中，发动机等速运转产生的能量可以在车轮的驱动需求和发电动机的充电需求之间进行调节。

2.1.2.3　混合动力电动汽车驱动电机的工作原理

永磁同步电动机的工作方式分为两种：一种是通过变频调速器控制电动机达到同步，一种是通过异步启动方式来达到同步，永磁同步电动机不能直接通三相交流电启动，因转子惯量大，磁场旋转太快，静止的转子根本无法跟随磁场启动旋转。

1）变频调速器方式

永磁同步电动机的电源由变频调速器提供，启动时变频器输出频率从 0 开始连续上升到工作频率，电动机转速则跟随变频器输出频率同步上升，改变变频器输出频率即可改变电动机转速，是一种很好的变频调速电动机。

2）异步启动方式

永磁同步电动机的启动和运行是由定子绕组、转子鼠笼绕组和永磁体这三者产生的磁场的相互作用而形成的，在不需要调速的场合直接用三相交流电供电的方法。在永磁转子上加装笼型绕组，静止时，给定子绕组通入三相交流电，产生定子旋转磁场；定子旋转磁场相当于转子旋转，在笼型绕组内产生感应电流，形成转子旋转磁场。这两个磁场相互作用，产生转矩，使转子由静止开始转动。在刚开始转动的时候，转子旋转磁场的转速与定子旋转磁场的转速不等，这样会产生交变转矩，当转子旋转磁场几乎与定子旋转磁场同步时，转子绕组不产生感应电流，转子上只有永磁体产生磁场，产生驱动转矩。所以，转子绕组实现一次启动，启动完成后，转子绕组不再起作用，由永磁体和定子绕组的磁场相互作用产生力矩，如图 2-11 所示。

2.1.2.4　混合动力电动汽车驱动电机定子绕组连接方式

三相同步电动机定子绕组的连接方式：三相同步电动机有三相绕组，它们互隔120°，分别嵌放在定子铁芯中，即两两首首或两两尾尾互隔120°空间。每一相绕组有两个出线端即一首一尾。定子绕组的连接方法主要有三角形连接和星形连接两种。

（1）三角形连接：三相绕组依次首尾相连构成一个闭合回路，如图 2-12 所示，在首尾连接点上引出 3 根线，分别接三相电源。

（2）星形连接：把三相绕组的 3 个首端或 3 个尾端连接在一起，另外的 3 个尾端或 3 个首端接电源，如图 2-13 所示。

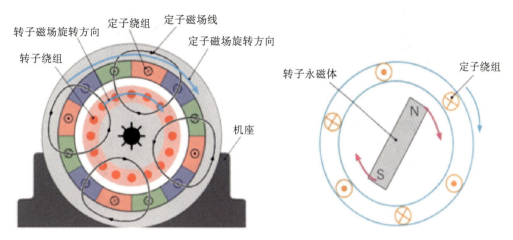

图 2-11 驱动电机工作原理

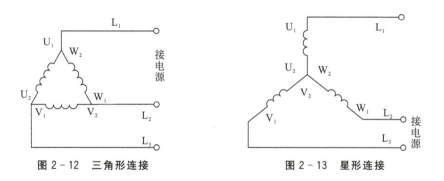

图 2-12 三角形连接　　　　　图 2-13 星形连接

2.1.3　混合动力电动汽车启动系统检测

2.1.3.1　混合动力电动汽车驱动电机检测

1. 驱动电机绝缘电阻检测

（1）穿戴高压安全防护用具，查阅维修手册，熟悉驱动电机绝缘电阻测量的基本要求，并归纳出绝缘电阻测量时的注意事项。

（2）选用测量仪器兆欧表（如图 2-14 所示的充电式电子兆欧表、如图 2-15 所示的手摇指针式兆欧表），开始进行检测，在检测之前，进行停电、验电，拆卸驱动电机三相接线端盖板，拆卸驱动电机接线盒内所有导线连接，拆电控上电动机三相铜排连接窗口上的八颗内六花螺栓（安装时，螺栓紧固力矩为 2~3 N·m，如图 2-16 所示），拆电动机电控三相铜排的六颗六角头法兰面螺栓（安装时，螺栓紧固力矩为 11±2 N·m），如图 2-17 所示。

图2-14 充电式电子兆欧表　　　　图2-15 手摇指针式兆欧表

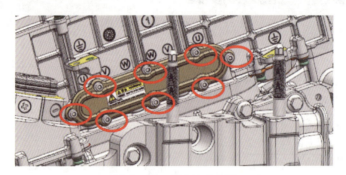

图2-16 拆内六花螺栓

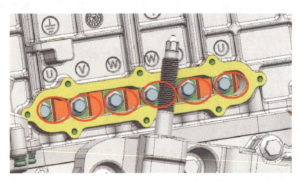

图2-17 拆六角头法兰面螺栓

(3)用兆欧表测量三相对地的绝缘电阻,兆欧表两个接线一个接电动机绕组的接线柱,另一个接地线(或电动机外壳),进行测量(U、V、W三相都要测量),其绝缘电阻不能低于0.5 MΩ,如图2-18所示。

(4)拆电动机接线柱连接片,用兆欧表进行三相间绝缘电阻检测,三相间绝缘电阻检测用兆欧表两个接线一个接电动机绕组U相接线柱,另一个接电动机绕组V相接线柱，此时测量的就是 U、V 两相间的绝缘电阻，同理再测量 U、W 两相间的绝缘电阻和 V、W 两相间的绝缘电阻，如图 2-19 所示。

图 2-18 三相对地绝缘测量

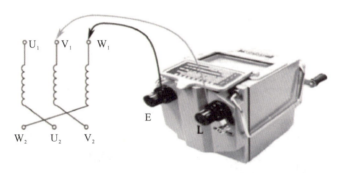

图 2-19 三相间绝缘测量

（5）绕组放电。在测量绝缘电阻时，相当于对电感充电，绕组就带电了，电压很高，功率很小，所以有时会电到人。因此，在接线恢复之前需要放电。

（6）恢复。接上三个电动机接线柱的连接片，按拆卸之前记的相序的顺序接上三相交流电，通电试机，确保电动机恢复正确，能正常工作。

2. 驱动电机三相绕组的检测

（1）穿戴高压安全防护用具，关闭点火开关，断开蓄电池负极，取下检修塞，等待 3 分钟。

（2）断开永磁同步电动机三相输入母线，解开驱动电机接线端子间的连接片。用数字万用表电阻挡，检测驱动电机三个绕组首尾端电阻，如图 2-20 所示，正常情况下三个绕组的电阻应是相等的（若有误差，其误差不能大于 5%）。

图 2-20 三相绕组的检测

驱动电机绕组电阻大于1Ω可用单臂电桥测,电动机绕组电阻小于1Ω可用双臂电桥测(如果电动机绕组间电阻值相差较大,说明电动机绕组有短路、断路、焊接不良等情况或绕组匝数有误差)。

(3)恢复。接上三个电动机接线柱的连接片,按拆卸之前记的相序顺序接上三相交流电,通电试机,确保电动机恢复正常,能正常工作。

3. 混联驱动电机的拆卸

(1)穿戴高压安全防护用具,查阅维修手册,熟悉驱动电机总成检修的基本要求,并归纳出注意事项。

(2)使用拆装工具拆卸电动机总成后端盖,如图2-21所示,端盖螺钉的松动与紧固必须按对角线上下左右依次旋动,拆卸动力传递齿轮组如图2-22所示,拆卸驱动电机旋变变压器如图2-23所示,将驱动电机总成从壳体中移出,如图2-24所示。慢慢平移出转子(动作应小心,一边推送一边接引,防止擦伤定子绕组和转子)。对定子绕组进行检测,如图2-25所示。

(3)组装过程以拆卸的倒序进行。

图2-21 拆卸电动机总成后端盖

图2-22 拆卸动力传递齿轮组

图2-23 拆卸旋变变压器

图2-24 将电动机总成从壳体中移除

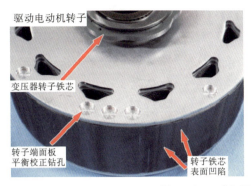 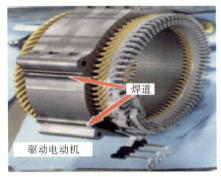

图 2-25 对定子绕组进行检测

任务实施

1. 作业说明

造成混合动力汽车出现 EV 模式无法运行故障的原因可能出在驱动电机上，因此需要对驱动电机各参数进行测量检修，本作业在高压安全防护及断电的情况下进行。

2. 技术标准与要求

电动机端盖固定螺栓扭矩	N·m
定子固定螺栓扭矩	N·m
绕组 U 与电动机壳体之间的阻值	MΩ
绕组 V 与电动机壳体之间的阻值	MΩ
绕组 W 与电动机壳体之间的阻值	MΩ
绕组 U 与绕组 V 相间的阻值	MΩ
绕组 U 与绕组 W 相间的阻值	MΩ
绕组 V 与绕组 W 相间的阻值	MΩ

注：请学员查阅维修资料后填写。

3. 设备器材

(1) 设备与零件总成。

(2)常用工具。

_____

_____

(3)耗材及其他。

_____

_____

注:请学员根据场地实际设备器材填写。

4. 作业流程

(1)做好安全防护,清洁并校准万用表和示波器。

(2)根据故障现象,进行故障分析和症状检查。

(3)检查蓄电池电压。标准电压值:11~14 V,如果电压值低于11 V,在转至下一步前对蓄电池充电或更换蓄电池。

(4)参照故障症状表,如表2-1所示,分析故障原因及部位。

表2-1 故障症状表

故障部件	可能发生故障的部位
HEV 模式无法运行	HEV 熔断丝
	逆变器故障
	驱动电机
	驱动电机位置传感器和温度传感器故障
	线束和连接器
EV 模式无法运行	HV ECU 模块本身故障
	接触器不能正常吸合
	驱动电机故障

(5)用故障诊断仪诊断,把故障诊断仪连接到DLC口上,读取故障码,如果无故障码输出,则进行第(6)步;如果有故障码输出,则进行第(7)步。

(6)全面分析与诊断。

(7)调整、维修或更换。

(8)确认测试。

5. 填写考核工单

一、查询并记录电动机信息					
发动机型号		电动机型号		选装代码	
发动机额定功率		电动机额定功率		动力电池额定电压	
车辆识别号				行驶里程	
二、查询用户手册，记录车辆行驶里程					
1. 拆装步骤及紧固规格					
电动机总成拆卸步骤	第____章____节____页		电动机端盖固定螺栓扭力规格		定子固定螺栓扭力规格
2. 绝缘电阻检查及测量					
检查项目		测量结果		判定	
绕组 U 与电动机壳体之间的阻值				正常□ 异常□	
绕组 V 与电动机壳体之间的阻值				正常□ 异常□	
绕组 W 与电动机壳体之间的阻值				正常□ 异常□	
3. 相间电阻检查及测量					
判断		测量结果		判定	
绕组 U 与绕组 V 相间的阻值				正常□ 异常□	
绕组 U 与绕组 W 相间的阻值				正常□ 异常□	
绕组 V 与绕组 W 相间的阻值				正常□ 异常□	
测量结果小结					

自我测试

(1) 简述混合动力电动汽车驱动模式。

_____

_____

_____

(2) 简述永磁同步电动机的工作原理。

_____

_____

_____

(3) 简述驱动电机绝缘电阻测量的流程及技术要点。

_____

_____

_____

参考答案

拓展学习

驱动电机发展趋势

永磁化已经成为了行业的标配，电励磁及感应电动机的研发应用逐渐增多。另外，一些特种电动机的研发也在持续进行，如开关磁阻电动机、轴向电动机、无稀土永磁电动机等。目前市场上的各种纯电和混合新能源汽车，采用永磁同步电动机的占多数，采用感应电动机的占一小部分。相比永磁同步电动机，交流感应电动机体积较大，价格适中，但是感应电动机可以做得功率很大并且不存在退磁问题，所以一些大型车或者追求性能的电动汽车，都采用感应电动机。总的趋势来讲，永磁化是一个方向，不过在大功率及高速的应用下感应电动机还是有自己的一席之地。未来驱动电机的发展趋势向扁线电动机方向发展。

扁线电动机渗透率快速提升。2021年特斯拉换装国产扁线电动机，带动其渗透率大幅提升，扁线电动机的趋势已经确定。如今众多车型均采用扁线电动机，预计2025年其渗透率将快速提升至95%。扁线电动机散热性能好，温升相对圆线电动机低10%。因扁线相对圆线接触得更为紧密，散热性有所提升，研究发现高槽满率下绕组间的导热能力是低槽满率的150%。绕组在热传导能力上具有各向异性，轴向的热传导能力是径向方向的100倍。更低的温升条件下，整车可以实现更好的加速性能。

电磁噪音低，整车更安静。扁线电动机导线的应力和刚性都比较大，电枢具备更好的刚度，对电枢噪声具有抑制作用；可以取相对较小的槽口尺寸，有效降低齿槽力矩，进一步降低电动机电磁噪声。

小体积带来高集成效率，契合多合一电驱发展趋势：因扁线更高的槽满率，同功率电动机铜线用量和对应定子较少，体积有望下降30%。此外，扁线电动机因更为先进的绕线方式带来更易裁剪的电动机端部，与圆线电动机相比减少15%～20%的端部尺寸，空间进一步降低，实现电动机小型化和轻量化。

任务 2.2

新能源汽车充电系统检修

任务引入

某顾客的比亚迪秦EV汽车最近出现交流无法充电的问题,经售后服务技术专家综合诊断后,将问题锁定在交流充电线缆和交流充电口上,需对交流充电线缆和交流充电口进行检测,并根据检测结果进行维修或者更换。

学习目标

(1)掌握新能源汽车充电系统的结构组成。
(2)理解交流、直流充电系统的充电原理。
(3)能够按照工艺规范正确进行交流、直流充电系统检修。
(4)能够规范使用拆装工具、检测仪器设备。
(5)能自主学习新能源汽车充电系统相关的新知识、新技术。
(6)树立安全生产意识、质量意识。

知识准备

2.2.1 新能源汽车充电系统概述

2.2.1.1 充电系统基本术语

目前,我国的新能源汽车对使用的动力电池组采用补充充电或更换两种服务方式。家用车一般采用直流充电(俗称快充)和交流充电(俗称慢充)方式补充充电,商用车一般采用更换动力电池组的方式。

有关充电系统的基本术语有交流充电、直流充电、充电器、充电插头、充电口或充电插口、充电电缆、充电桩、新能源汽车供电设备等。

（1）交流充电：通过交流电对带充电系统的新能源汽车的动力电池组充电。进行交流充电时，车辆的车载充电器必须将交流电整流成直流电，并调节充电电压，使其符合动力电池组的要求。

（2）直流充电：通过直流电对带充电系统的新能源汽车的动力电池组充电。进行直流充电时，直流电被输送到动力电池组，由充电站来调整动力电池组的充电电压。

（3）充电断路装置：被并入一级充电电缆的内嵌设备，如果检测到车辆有漏电现象，则充电断路装置会中断充电电缆和车辆之间的电流。

（4）充电机：将电气设备或其他电能供应设备输出的交流电，转变成直流充电电流的设备。充电机又分为车载充电机与非车载充电机，前者安装在车辆上，后者则是新能源汽车供电设备的一部分。

2.2.1.2 充电系统结构组成与工作原理

比亚迪秦EV电动车有两种充电方式：直流充电和交流充电。交流充电主要通过交流充电桩、壁挂式充电盒及家用供电插座接入交流充电口，通过车载充电机将交流电转为直流高压电给动力电池充电。直流充电主要通过充电站的充电柜将直流高压电直接通过直流充电口给动力电池充电。

1. 交流充电系统的结构组成

交流充电系统由交流充电桩、交流充电口、车载充电机、高压配电盒和动力电池组等组成，如图2-26所示。

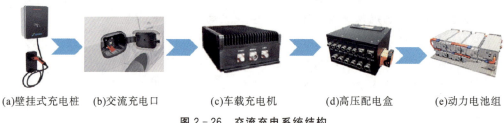

(a)壁挂式充电桩　　(b)交流充电口　　　(c)车载充电机　　　(d)高压配电盒　　(e)动力电池组

图2-26　交流充电系统结构

1）交流充电桩

交流充电桩通常功率比较小，市场上常见的型号为7 kW、3.3 kW，适用于私家车安装在自己的固定车位。不少车企在卖车过程中配售（或赠送）的充电桩通常都是交流充电桩。常用的交流充电桩有落地式和壁挂式两种，如图2-27所示。

除了交流充电桩，随车便携式充电电缆也属于交流充电系统的一种。充电电缆及其充电插头是一条充电线，特点就是便捷，任何有普通电源插口的地方都可以充电，还可充分利用电力低谷时段进行充电，从而降低充电成本。由于其体积和质量均较小，可以在固定重装设施以外的地方为电池充电,因此使用非常方便。

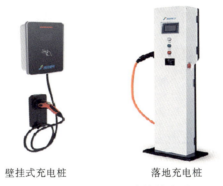

图2-27 交流充电桩的类型

2)交流充电接口

纯电动汽车的充电口可分为交流充电口和直流充电口两种。充电插口,世界不同国家和不同地区都有各自的标准,目前美、欧、中三大充电插口标准成为主要标准。中国的国标GB/T20234规定了交流与直流接口的标准,交流接口采用的是七针的设计。交流充电口(又称慢充口)的端子定义如图2-28所示。

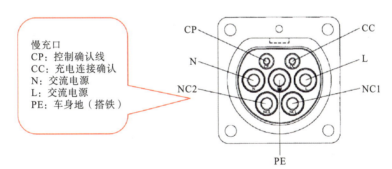

图2-28 交流充电口的端子定义

3)车载充电机

车载充电机简称OBC,将AC/DC变换器安装在插电式混合动力汽车或纯电动汽车上,其作用是将交流充电口传递过来的交流电转换为直流高压电为动力电池充电。

2. 交流充电系统的工作原理

(1)用户将充电枪(车辆自带或者充电桩上的)插入交流充电口进行匹配,匹配成功后,车载充电机开始工作,同时锁止机构锁止充电枪。

(2)车辆通过低压唤醒整车控制系统,电池管理系统检测动力电池的SOC(荷电状态,反映电池的剩余容量,用%表示)及健康状况判断是否需要进行充电。

(3)检测完毕后,电池管理器将充电指令发送给车载充电器并控制电池组中的接触器与高压电控总成中的交流充电接触器吸合，车辆开始充电。

（4）车载充电器把外界的 220 V 交流电转换为高压直流电直接存储到动力电池组中。

交流充电系统的工作原理如图 2-29 所示。

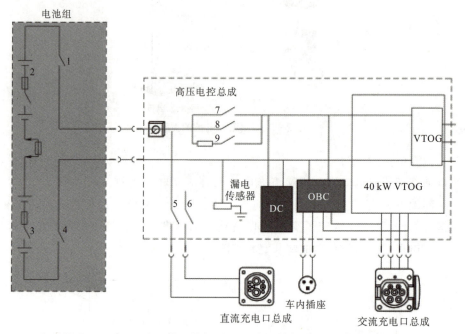

1—正极接触器；2，3—电池组分压接触器；4—负极接触器；5—直流充电正极接触器；
6—直流充电负极接触器；7—主接触器；8—交流充电接触器；9—预充接触器。

图 2-29　交流充电系统的工作原理

3. 直流充电系统的结构组成

在直流充电模式下，充电系统主要由直流充电桩、直流充电接口、直流充电高压线束、高压电控总成、动力电池等组成。

1）直流充电桩

直流充电桩的功能类似于加油站里面的加油机，直流充电桩的输入端与交流电网 380 V 三相电直接连接，内部直接将高压交流电转化为高压直流电，输出端装有充电枪用于连接直流充电口，直流充电桩如图 2-30 所示。

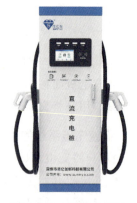

图 2-30　直流充电桩

2）直流充电口

直流充电口（又称快充口）通过直流充电柜将高压直流电送给动力电池充电，中国的国标 GB/T20234 规定,直流接口采用九针的设计。直流充电口(快充口)的端子定义如图 2-31 所示。

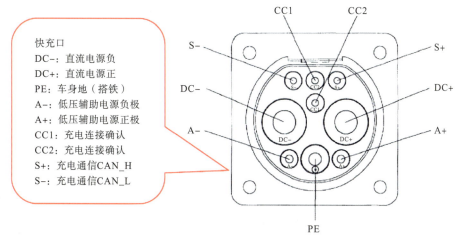

图 2-31 直流充电口的端子定义

3)直流高压电缆

直流高压电缆是直流充电口到高压电控总成之间的线束。

4. 直流充电系统的工作原理

由于电网中的 380 V 交流电无法对动力电池直接输入,所以在直流充电的过程中输入电动汽车的高压直流电需要经过直流充电桩的转换整流。直流充电桩由输入整流装置、直流输入控制装置、直流输出控制装置和直流充电管理装置组成,其系统框图如图 2-32 所示。

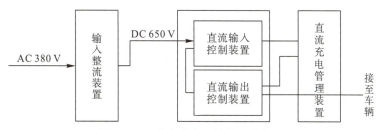

图 2-32 直流充电系统的系统框图

电网中 380 V 交流电通过整流装置对输入的三相交流电进行整流,经滤波后,形成稳定的直流母线电压(以 650 V 高压为例),提供给后级输出控制装置,为输出控制装置提供动力电源。

直流输入控制装置(DCM)对直流电能计量并控制直流供电系统,也起到安全防护的作用。直流输出控制装置(PUM)与车载 BMS(能量管理系统)通信,进行 DC/DC 功率变换,输出动力电池所需的电压、电流,而用户则通过直流充电管理装置进行人机交互,实现身份识别、费用收取、票据打印、数据管理、控制充电电量等功能。

2.2.2 充电系统的检修

比亚迪秦 EV 的充电系统部件布置如图 2-33 所示。

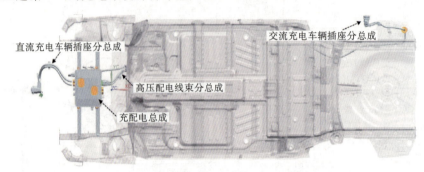

图 2-33 比亚迪秦 EV 充电系统部件布置

常见的充电故障现象有车辆无法充电(不能直流充电、不能交流充电)、充电过程中跳枪、充电指示灯不亮等。

根据交流与直流充电系统的结构及工作原理,故障一般都会集中在充电口(直流充电口、交流充电口)、高压电控总成、电池管理器与线束范围内,在检修过程中可以着重从这几个方面分析。

2.2.2.1 直流无法充电检修

1. 检查直流充电口总成高低压线束

(1)车辆启动挡位置为 OFF 挡。
(2)分别拔出直流充电口总成的高压接插件和低压接插件。
(3)分别测试正负极电缆和低压线束是否导通。
(4)用万用表检查低压接插件与充电口端值是否正常。如果测量值正常,检查低压线束。充电口各个端子参考正常值如表 2-2 所示。

表 2-2 比亚迪秦 EV 直流充电口端子参考值

端子	线束颜色	正常值
1—A—	B(黑色)	小于 1 Ω
2—A+	R(红色)	小于 1 Ω
3—CC2	L(蓝色)	小于 1 Ω
4—S—(CAN_L)	V(紫色)	小于 1 Ω
5—S+(CAN_H)	P(粉色)	小于 1 Ω
CC1—车身地	W/B(白/黑)	1 kΩ±30 Ω

2. 检查低压线束

(1)车辆启动电源挡位置为 OFF 挡。

(2)拔出电池管理器低压接插件 BMC02。

(3)用万用表检查电池管理器接插件 BMC02(图 2-34)与充电口端子值。如果测量值不正常,则更换线束。如果测量值正常,则检查高压电控总成。

电池管理器接插件 BMC02 各个端子参考正常值如表 2-3 所示。

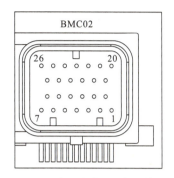

图 2-34 比亚迪秦 EV 电池管理器接插件 BMC02

表 2-3 比亚迪秦 EVBMC02 端子参考值

端子	线色	正常值
BMC02-04—CC2	L	小于 1 Ω
BMC02-14—S+	P	小于 1 Ω
BMC02-20—S−	V	小于 1 Ω

3. 检查高压电控总成

(1)车辆启动挡位置为 OFF 挡。

(2)连接充电枪,准备充电。

(3)用万用表检查高压电控低压接插件 2(33PIN)(图 2-35)对车身地的值,参考值见表 2-4。

(4)断开充电枪。

(5)拔下电池管理器接插件,将直流充电正极接触器控制脚与车身地短接,将吸合充电负极接触器。

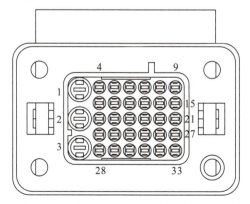

图 2-35 比亚迪秦 EV 高压电控低压接插件 2

表 2-4　比亚迪秦 EV 高压电控低压接插件 2 端子参考值

端子	线色	正常值
低压接插件 2-25—车身地	W/R	11~14 V
低压接插件 2-30—车身地	B	小于 1 Ω
低压接插件 2-31—车身地	B	小于 1 Ω

(6) 用万用表测量充电口 DC＋与 DC－，正常值约为 650 V。

检测结果如果不正常，需要检修高压电控；如果结果正常，则更换电池管理器。

2.2.2.2　交流无法充电检修

(1) 将电源置为 OFF 挡。

(2) 检查交流充电口总成。

检查充电电缆是否断路。如果断路，则更换交流充电口总成。如果正常，转到第 (3) 步。

(3) 检查高压电控总成。

①将交流充电口接入充电桩或家用电源。

②用万用表测量高压电控总成接插件交流充电感应信号脚端子电压。正常值应小于 1 V，如果不正常，检修或更换高压电控总成，如果正常，转到第 (4) 步。

(4) 检查低压线束（交流充电口与电池管理器之间的线束），如图 2-36 所示。如果不正常，则更换线束，如果正常，转到第 (5) 步。

(5) 检查电池管理系统。

如果不正常，则更换电池管理器。

(6) 确认测试。

任务实施

1. 作业说明

比亚迪秦 EV 汽车最近出现交流无法充电的问题，可能的故障范围在交流充电口、高压电控总成、电池管理器或者线束之中。需通过诊断仪检测、线束测量和高压元件检测来确定故障点。本作业是在整车未断电的情况下进行的，所以务必严格遵循比亚迪厂家的维修工艺要求，做好安全防护。

2. 技术标准与要求

高压电断电后的绝缘电阻	
充电端子电阻值	

注：请学员查阅维修资料后填写。

模块二

新能源汽车启动与充电系统检修

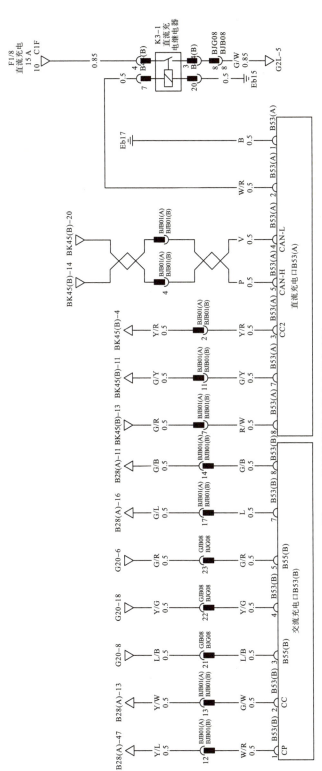

图2-36 比亚迪秦EV交流充电口电路图

3. 设备器材

(1)设备与零件总成。

_____

_____

(2)常用工具。

_____

_____

(3)专用工具。

_____

_____

(4)耗材及其他。

_____

_____

注：请学员根据场地实际设备器材填写。

4. 作业流程

(1)做好安全防护，清洁并校准万用表和示波器。

(2)根据故障现象，进行故障分析和症状检查。

(3)检查蓄电池电压。标准电压值：11～14 V，如果电压值低于 11 V，在转至下一步前对蓄电池充电或更换蓄电池。

(4)参照故障症状表，如表 2-5 所示，分析故障原因及部位。

表 2-5 故障症状表

故障症状	可能发生故障的部位
直流无法充电	直流充电口
	高压电控总成
	电池管理器
	线束
交流无法充电	交流充电口
	高压电控总成
	电池管理器
	线束

(5)用故障诊断仪诊断，把故障诊断仪连接到 DLC 口上，读取故障码，如果无故障码输出，则进行第(6)步；如果有故障码输出，则进行第(7)步。

(6)全面分析与诊断。

(7)调整、维修或更换。

(8)确认测试。

自我测试

(1)简述车载充电机的作用。

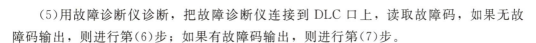

参考答案

(2)简述交流充电的原理。

(3)简述慢充系统的充电过程。

新能源汽车电子电气空调**舒适技术**

拓展学习

探索，永无止境——新材料突破电动车的快充，六分钟充电 60%

快充对于电动汽车似乎是必备的，但同时，大电流迫使锂离子在电池内部快速迁移，容易出现锂析出，长期下去电池容量会快速衰减，最坏的情况则是锂析出后堆积形成锂枝晶，刺穿隔膜，导致电池发生内短路，最终发生热失控，进而起火。

为缩短电动汽车充电时间，科学家们一直在积极寻找新方案。2022 年 5 月份，中国科学技术大学俞书宏院士团队与姚宏斌、倪勇教授团队合作，致力于解决锂离子电池高能量密度与快充性能之间的矛盾，提出并制备出一种新型双梯度石墨负极材料，实现了锂离子电池在 6 分钟内充电 60%。

具体来看，研究团队首先构建了一种新型粒子级理论模型，用于同时优化电极结构中的粒度分布和电极孔隙率分布两个参数，提高石墨负极的快充性能。

研究人员表示，传统的二维模型通常简化颗粒为均质球形及孔隙均匀分布。事实上，石墨颗粒多是大小不一、形状不同的，通常以相当随机的顺序排列。同时孔的形状和大小也非均匀分布。而新型粒子级理论模型是基于真实的石墨颗粒构建出的三维模型，与现实的电极结构很接近。

在粒子级理论模型中，研究人员按照石墨颗粒大小的顺序重新"排队"，同时调整电极孔隙率大小分布。模拟计算结果表明，在大电流密度充电条件下，这种新结构相对于传统的随机均质电极及单梯度电极，展现出了优异的快充性能。

研究团队开发了一种低黏度无聚合物黏结剂浆料自组装技术，混合铜包覆的石墨负极颗粒及铜纳米线于乙醇溶液中制成浆料，利用不同尺寸颗粒石墨在浆料中沉降速度的差异性，成功构建出模拟计算优化的双梯度结构，得到电极。

研究人员发现，基于这种新型双梯度石墨负极材料制备出的锂离子电池分别在 5.6 分钟和 11.4 分钟从零充电到 60% 和 80%，同时保持高能量密度。

这种电极结构设计给解决快充问题提供了新思路，在未来的能源系统中发挥核心作用的，或许正是如今这些具有意义和分量的突破性电池技术。

5. 填写考核工单

一、记录车辆信息						
车型代码		VIN 码		电动机编号		行驶里程	
电动机额定功率				动力电池额定电压		
二、读取充电系统数据流						
参数名称	参数值		单位		判定	
故障状态					正常□ 异常□	
交流侧输入电压					正常□ 异常□	
直流侧电压					正常□ 异常□	
交流侧频率					正常□ 异常□	
交流外充设备故障状态					正常□ 异常□	
交流外充接地状态					正常□ 异常□	
充电枪连接状态					正常□ 异常□	
交流互锁故障					正常□ 异常□	
本次累计充电量					正常□ 异常□	
交流侧功率					正常□ 异常□	
三、查询交流充电口电路图，并记录交流充电口低压接插件定义						
端子编号	端子描述		线束颜色		线束的直径	
1						
2						
3						
4						
5						
6						
7						
8						
四、检测交流充电口并判定						
部件名称	绝缘电阻		判定		端子口电阻	判定
交流充电口			正常□ 异常□			正常□ 异常□

五、测量高压电控总成接插件交流充电感应信号脚端子电压并判定			
电压		判定	
		正常□ 异常□	
六、测量交流充电口与电池管理器之间的线束通断并判定			
交流充电口端子	电池管理器端子	判定	
		正常□	异常□
		正常□	异常□
		正常□	异常□
		正常□	异常□
		正常□	异常□
		正常□	异常□
		正常□	异常□

模块三

新能源汽车舒适系统部件检测与维修

任务 3.1

灯光系统检修

任务引入

某顾客的比亚迪秦 Plus EV 汽车最近表现出左后制动灯不亮的问题，经省级技能大师进行综合诊断后，将问题锁定在制动灯机械故障及电气故障等方面，需对前照灯光系统进行检测，并根据检测结果进行维修或者更换。

学习目标

(1) 掌握新能源汽车灯光系统的组成及工作原理。
(2) 理解新能源汽车灯光系统的主要零部件及其安装位置。
(3) 能对新能源汽车灯光系统常见故障进行检修。
(4) 能够规范使用拆装工具、检测仪器。
(5) 严格执行工艺规范，重视安全生产。
(6) 培养严谨执着、精益求精的职业精神。

知识准备

3.1.1 新能源汽车灯光系统概述

3.1.1.1 新能源汽车灯光系统

灯光系统是汽车安全行驶的必备系统之一，主要作用是保证汽车夜间行车的安全及提高汽车行驶的速度。灯光系统同时带有信号提示功能，产生光信号，向其他车辆的司机和行人发出警告，以引起注意，确保车辆行驶的安全。

新能源汽车灯光系统按照功能划分,主要有汽车照明灯和汽车信号灯。

(1)汽车照明灯包括前照灯、雾灯、牌照灯、仪表灯、顶灯、工作灯等。

(2)汽车信号灯包括转向信号灯、危险报警灯、示宽灯、尾灯、制动灯、倒车灯等。

新能源汽车灯光系统组成如图3-1所示。

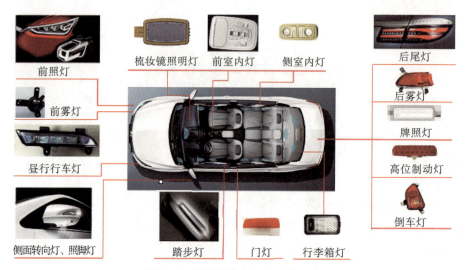

图3-1 新能源汽车灯光系统组成

新能源汽车灯光系统主要由开关、控制装置、照明灯具组成。开关分灯光组合开关和变光开关两种。控制装置是指灯光控制模块,照明灯具是指近光灯、远光灯、转向灯、制动灯等。

其中目前汽车上使用较多的是组合开关,它将前照灯、前后雾灯、示宽灯等开关制成一体,灯光开关如图3-2所示。变光开关可以根据汽车行驶的需要切换近光和远光,变光开关有组合开关和脚踏开关两种,目前采用较多的是组合开关,该开关位于转向盘下方,以便驾驶员操作。由于前照灯的工作电流较大,若用车灯开关直接控制前照灯,车灯开关易烧坏,因此在前照灯电路中设有灯光继电器,该继电器集成到灯光控制模块。

图3-2 灯光开关

新能源汽车灯光系统控制原理如图3-3所示,其控制原理是当驾驶员将灯光旋转开关旋转至驾驶员所需要的灯光位置,灯光旋转开关模块接收到当前灯光开启信号,然后将命令发送给照明灯具,实现各种灯光的工作。

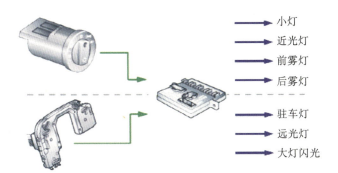

图3-3 新能源汽车灯光系统控制原理

1. 前照灯

按前照灯光学组件的结构不同,可将其分为可拆式、半封闭式、封闭式、投射式和弧光式几种。大灯按材料可分为卤钨灯、氙气大灯、LED 大灯、激光大灯等。

由于半封闭式前照灯配光镜靠卷曲反射镜边缘上的牙齿紧固在反射镜上,二者之间垫有橡皮密封圈,灯泡只能从反射镜后端装入。当需要更换损坏的配光镜时,应撬开反射镜外缘的牙齿,安上新的配光镜后,再将牙齿复原。由于这种灯具减少了对光学组件的影响因素,维修方便,因此得到了广泛使用。

1)前照灯的结构

前照灯系统是指装于汽车头部两侧,用于夜间行车的照明装置。一般包括了近光灯、远光灯、行驶灯和前雾灯。灯光为白色或黄色,功率为 40~60 W。前照灯一般由配光镜、灯泡、反射镜、插座及灯壳等组成,如图 3-4 所示。

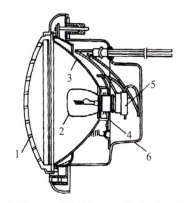

1—配光镜;2—灯泡;3—反射镜;4—插座;5—接线盒;6—灯壳。

图 3-4 半封闭式前照灯

(1)反射镜。反射镜的作用是尽可能地将灯泡发出的光线聚合成很强的光束射向远方,达到车前一定范围内的光照度要求。反射镜一般用 0.6~0.8 mm 的薄钢板冲压而成，反射镜的表面形状呈旋转抛物面，其内表面镀银（或镀铬、镀铝）并经抛光。位于反射镜焦点上的灯丝的绝大部分光线向后射在立体角 ω 范围内，经反射镜反射后将平行于主光轴的光束射向远方，使光度增强几百倍，甚至上千倍，如图 3-5 所示。

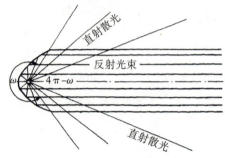

图 3-5　反射镜的聚光作用

（2）配光镜。配光镜又称散光玻璃，它是用透明玻璃压制而成的，是很多块特殊的棱镜和透镜的组合体。它将反射镜反射出的集中光束进行折射与散射，使其成为具有一定分布的灯光光束，均匀照亮车前的路面。它还能保护反射镜及灯泡，防止雨、雪及灰尘的侵蚀，如图 3-6 所示。

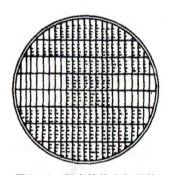

图 3-6　配光镜的几何形状

（3）灯泡。前照灯的灯泡有单灯丝和双灯丝两种。双灯丝灯泡中功率较大且位于反射镜焦点上的灯丝为远光灯丝，功率较小的灯丝为近光灯丝。为了拆装方便及保证灯丝在反射镜中的正确位置，灯泡的插头通常制成插片式，如图 3-7 所示。

国家标准规定：机动车前照灯必须具备远光和近光两种照明方式，同时对光强有明确规定。针对前照灯的眩光影响，常采取在近光灯丝下方设配光屏、采用双丝灯泡非对称近光光形等措施。

比亚迪秦 Plus EV 汽车前照灯除了具有传统灯光照明功能外，还配有自动灯光及大灯延时退电功能，使灯光的使用更便利及人性化。

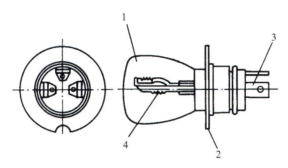

1—玻璃泡；2—插头凸缘；3—插片；4—灯丝。

图 3-7　前照灯的灯泡结构

自动灯光：将灯光开关组调到 AUTO 挡，BCM 根据光照强度传感器采集的外界光照强度进行判定，自动控制灯光开启和关闭，并根据光强的不同开启小灯或大灯。当汽车行驶过程中光线变暗时，为了避免驾驶员未及时开启大灯，前大灯会自动亮起，提高行车安全。而当光线变亮时大灯会自动熄灭，车辆熄火后大灯也会自动关闭。

大灯延时退电：当大灯打开，车辆电源从 ON 挡退电到 OFF 挡时，大灯不会立即熄灭，前舱配电盒自动计时让大灯再亮 10 s 后断开灯光继电器，熄灭大灯。目的就是给人们在离车后提供一个短暂的照明，方便离开。

比亚迪秦 Plus EV 汽车左右前照灯的组成图，如图 3-8 所示。

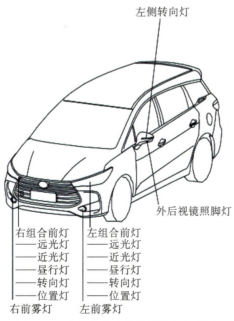

图 3-8　比亚迪秦左右前照灯的组成图

2)前照灯常见故障和故障原因(表 3-1)

表 3-1 前照灯常见故障和故障原因

故障症状	故障原因
所有灯全不亮	电池至总开关间的电源线断路,灯总开关损坏,电源总熔丝烧断
远光灯或近光灯不亮	导线断路或插头接触不良或灯泡损坏,远光灯或近光灯熔丝烧断,灯光继电器损坏,导线接触和灯总开关损坏
前照灯灯光暗淡	熔丝松动,导线插头松动,前照灯开关或继电器接触不良,发电机输出电压低,用电设备漏电,负荷大,接地不良
一侧前照灯亮度正常,另一侧暗淡	前照灯暗淡的一侧接地不良,导线插头接触不良
前照灯,尾灯正常,示宽灯不亮	灯总开关损坏,熔丝烧断,示宽灯灯泡损坏,示宽灯电路断路,继电器损坏

2. 牌照灯

按照规定,所有车辆夜间行驶时,都必须打开车后的牌照灯。因此,牌照灯的作用就是在汽车夜间行驶时照亮汽车牌照。灯光为白色,功率为 5~15 W。按照规定要求牌照灯必须与小灯同一个开关控制。

3. 雾灯

汽车雾灯安装于汽车的前部和后部,用于雾、雪、暴雨或尘埃等恶劣条件下汽车行驶时的照明,分为前雾灯、后雾灯。因黄色光波较长,穿透性好,故一般用黄色光源,提高驾驶员与周围交通参与者的能见度。汽车雾灯的功率为 35~55 W。

3.1.1.2 灯光信号灯

灯光信号灯又包括转向信号灯、危险报警灯、示宽灯、尾灯、制动灯、倒车灯。

1. 转向信号灯

转向信号灯在汽车转弯时发出明暗交替的闪光信号,如图 3-9 所示,转向信号灯是表示汽车动态信息的最主要装置,安装在车身前后,在汽车转弯时开启。转向信号灯由转向信号灯、转向信号灯控制开关和多路集成控制模块组成。

图 3-9 转向信号灯

2. 危险报警灯

当车辆出现故障停在路面上时,按下危险报警开关,全部转向灯同时闪亮。危险警告灯与转向信号灯共用,如图3-10所示。

图3-10 危险报警灯

3. 示宽灯

示宽灯也叫示廓灯、驻车灯、小灯,是指安装在车前及车后最高处的灯具等,如图3-11所示,其作用是在汽车夜间行车或停车时,标示其轮廓或存在。一般前灯为白色,后灯为红色。其功率为5~10 W。

图3-11 示宽灯

4. 倒车灯

倒车灯的作用为照亮车后路面,如图3-12所示,并警告车后的车辆和行人,该车正在倒车。光色为白色,功率为21 W。

图3-12 倒车灯

5. 制动灯

制动灯是制动信号灯，俗称刹车灯，如图 3-13 所示。当驾车人踩下制动踏板时，制动灯即亮起，并发出红色光，提醒后面的车辆注意，不要追尾。低位制动灯安装在车尾两边，高位制动灯安装在车尾上部，以便后方车辆能尽早发现前方车辆而实施制动，防止发生汽车追尾事故。当驾车人松开制动踏板时制动灯熄灭。

图 3-13 制动灯

3.1.2 新能源汽车灯光系统检修

3.1.2.1 高位制动灯拆装

1. 拆卸

(1) 拆卸扰流板。

(2) 拆卸行李箱上护板。

(3) 用十字起拆下 2 颗自攻螺钉，从后方推出高位制动灯，如图 3-14 所示。

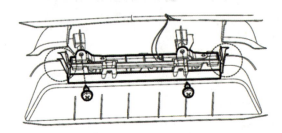

图 3-14 拆卸高位制动灯

2. 安装

(1) 直接将高位制动灯卡入搁物板。

(2) 安装 2 个固定螺钉。

3. 制动灯控制电路检测

比亚迪秦 Plus EV 制动灯开关控制电路如图 3-15 所示。制动灯开关采用霍尔式信号原理，踩下制动踏板时，永久磁性环切割开关内部电路板上的霍尔芯片的磁感应线，从而产生感应信号，车载电网控制单元利用该信号控制制动灯的点亮或熄灭。

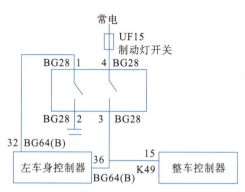

图 3-15 制动开关控制电路

其中整车控制器根据制动开关的信号来判断车辆在上电过程中是否处于静止的安全状态，以及车辆行驶中驾驶人对车辆速度的控制意图，如果制动开关的信号出现故障，将导致整车控制器无法确定车辆是否处在静止的安全状态，从而禁止高压系统上电。行驶过程中根据此信号控制驱动电机输出电流及能量回收功能。

制动灯控制电路图如图 3-16 所示，制动灯检测步骤如下所示。

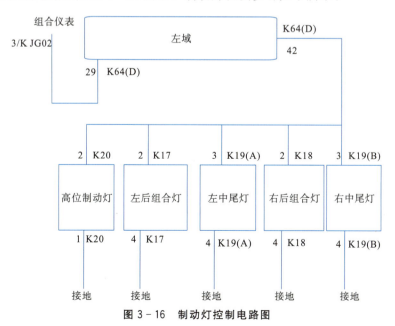

图 3-16 制动灯控制电路图

(1)检查组合仪表供电保险。

用万用表检查仪表配电盒 F2/4 保险通断。正常情况下保险导通,如异常,则更换保险。

(2)检查制动灯开关。

断开制动灯开关连接器 BG28。用万用表检查制动灯开关 BG28-3 与 BG28-2 端子在踩下踏板和松开踏板时的电阻值,踩下踏板时,标准电阻小于 1 Ω,松开踏板时,标准电阻大于 10 kΩ。如异常,则更换制动灯开关。

(3)检查制动灯。

断开制动灯连接器 K17、K18、K20。给制动灯两端加电压,检查工作状态。注意:正负端子不可反接,正常情况下,制动灯点亮。如异常,则更换制动灯。

任务实施

1. 作业说明

造成所有制动灯不亮的故障原因可能是制动灯控制模块故障、制动灯本身故障、接插件故障及线束和连接器故障等。因此,需要通过检测制动灯控制电路排除故障。本作业在进行高压安全防护及断电的情况下进行。

2. 技术标准与要求

供电	V
线束电阻	Ω

注:请学员查阅维修资料后填写。

3. 设备器材

(1)设备与零件总成。

_____

_____

_____

(2)常用工具。

_____

_____

_____

(3)耗材及其他。

___

___

___

注：请学员根据场地实际设备器材填写。

4. 作业流程

(1)做好安全防护，清洁并校准万用表和示波器。

(2)根据故障现象，进行故障分析和症状检查。

(3)检查蓄电池电压。标准电压值：11～14 V，如果电压值低于 11 V，在转至下一步前对蓄电池充电或更换蓄电池。

(4)参照故障症状表，如表 3-2 所示，分析故障原因及部位。

表 3-2 故障症状表

故障症状	可能发生故障的部位
制动灯不亮(高位和左右制动灯都不亮)	喇叭、制动灯保险
	制动灯电路
	线束和连接器
只有一个制动灯不亮	LED 灯
	线束和插接器

(5)用故障诊断仪诊断，把故障诊断仪连接到 DLC 口上，读取故障码，如果无故障码输出，则进行第(6)步；如果有故障码输出，则进行第(7)步。

(6)全面分析与诊断。

(7)调整、维修或更换。

(8)确认测试。

5. 填写考核工单

一、查询并记录发动机信息					
品牌		整车型号		生产日期	
发电机型号		驱动电机型号		动力电池额定电压	
发电机排量		额定功率		额定容量	
车辆识别代码				行驶里程	

二、查询用户手册，记录指定控制模块端子针脚信息并检测

1. 制动灯模块端子针脚信息查询

针脚	线束颜色	端子说明	针脚	线束颜色	端子说明
1			4		
2			5		
3			6		

2. 制动灯控制电路	第＿＿章第＿＿页	制动灯控制电路编号	
电路图			

项目	检测参数	标准值	测量值	判定	
保险				正常☐	异常☐
灯				正常☐	异常☐
开关				正常☐	异常☐
线束				正常☐	异常☐

自我测试

(1) 简述比亚迪秦 PLUS EV 灯光系统的结构特点。

_____

_____

_____

(2) 简述比亚迪秦 PLUS EV 制动灯控制电路原理。

_____

_____

_____

(3) 简述高位制动灯检测流程及技术要点。

_____

_____

_____

参考答案

拓展学习

矩阵式 LED 大灯

对于车辆使用者,车身照明是一个越来越重要的购买决定因素。因此,汽车制造商任何时候都在寻找创新的照明解决方案,使车辆更具有独特性。这也为车灯的发展带来了不可多得的契机。

矩阵式 LED 前大灯(图 3-17)采用多个照明分区,每一个照明分区中又含有多个 LED 灯珠,可以分别对每一个照明分区进行照明、操控,分区次数越高,灯光精度越高,所能达到的照射效果就越好,而系统相应的控制难度和费用就越高。矩阵式 LED 前大灯具有防止对向来车出现炫目、更远的照射范围使行车更加安全(每增加 30 m 的照射范围可增加 1.3 s 的反应时间)、系统的智能性可减轻驾驶员的驾驶疲劳等优势。其主要通过摄像头来识别前方车辆和对向来车,在几分之一秒内通过关闭或者变暗呈矩阵布置的个别 LED 灯来改变光的分配(就是在光束中去掉照到前方车辆和对向来车的光)。使用这种矩阵技术可以同时打开多个通道。与普通 LED 车灯相比,矩阵式 LED 大灯对光源的控制可以细到某一指定灯珠上,而普通 LED 大灯只能对整组 LED 灯珠进行控制,功能性和拓展性大不如矩阵式 LED 大灯。

图 3-17 矩阵式 LED 大灯

可以说矩阵式 LED 灯不止让汽车更加美观，而且让夜间驾车变得更加安全。如今已经发展到出现带激光的矩阵式 LED 大灯，可以实现 8 种照明模式（市郊、高速、城市、弯道、增强弯道、泊车、节能、远光全开）。

组合仪表检修

任务引入

某顾客的比亚迪秦 Plus EV 汽车最近表现出仪表功能异常的问题,经维修技师张师傅进行综合诊断后,将问题锁定在液晶仪表故障及电气故障等方面,需对室内仪表控制电路进行检测,并根据检测结果进行维修或者更换。

学习目标

(1)叙述新能源汽车室内仪表系统的组成及作用。
(2)识别新能源汽车室内仪表系统的主要零部件及其安装位置。
(3)能对新能源汽车室内仪表常见故障进行检修。
(4)能够规范使用工具、检测仪器。
(5)严格执行工艺规范,重视安全生产。
(6)培养安全、环保、规范的职业操守和爱岗敬业、精益求精的职业精神。

知识准备

3.2.1 新能源汽车组合仪表系统概述

3.2.1.1 新能源汽车组合仪表系统概述

组合仪表系统是驾驶员与汽车进行信息交流的重要接口。新能源汽车组合仪表系统与传统燃油汽车组合仪表系统有很多不同点,图 3-18 是新能源汽车组合仪表盘。比亚迪秦组合仪表系统有多个机电组合仪表,包括位于驾驶员正前方、转向管柱上部的多功能 5 寸液晶仪表，转向管柱内侧的左车身域控制器和驾驶员正前方的 2.1 代多媒体。所有组合仪表系统的电路组成多个线束，用接插件连接到左车身域控制器。

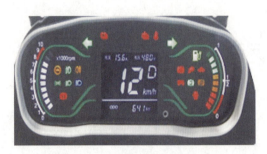

图 3-18 新能源汽车组合仪表盘

新能源汽车组合仪表有计量表类、警告和指示器类，其中计量表类有车速表、功率表、电量表，表 3-3 是新能源汽车组合仪表盘上各指示灯的对应符号及含义。

表 3-3 新能源汽车组合仪表盘上各指示灯的对应符号及含义

序号	名称	显示位置	符号	颜色	显示文字	点亮条件	处理方式
1	充电提示灯	显示屏		黄色	请尽快进行充电	充电提醒：电量小于30%，指示灯点亮，低于5%，提示"请尽快充电"	
2	系统故障	显示屏		红色		仪表与整车失去通信时，指示灯持续闪烁；车辆出现一级故障时，指示灯持续点亮	
				黄色		车辆出现二级故障时，指示灯持续点亮	
3	充电提示灯	表盘		红色	请连接充电枪	充电枪线缆接触不好时，显示"请连接充电枪"	
4	READY指示灯	显示屏		绿色		车辆准备就绪	

续表

序号	名称	显示位置	符号	颜色	显示文字	点亮条件	处理方式
5	跛行指示灯	显示屏		红色	车辆进入跛行状态	加速踏板故障	
6	EPS 故障	显示屏		黄色	EPS 系统故障	EPS 系统发生故障	
7	挡位故障	显示屏				挡位故障触发后，当前挡位持续闪烁	
8	电动机冷却液温度过高	显示屏		红色	电动机冷却液温度过高	电动机或电动机控制器温度过高而引起冷却液温度过高	
9	动力电池断开	显示屏		黄色		车辆动力电池断开	
10	动力电池故障	显示屏		红色	动力电池故障	车辆动力电池发生故障	
11	示廓灯	表盘	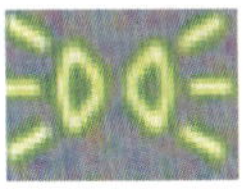	绿色		示廓灯打开	

3.2.1.2 组合仪表的工作原理

组合仪表的照明是通过液晶显示来实现的，这种照明方式可照亮仪表使它达到必需的能见度。组合仪表的每一个指示灯也是通过液晶显示的。连接电路将组合仪表连接到整车的电气系统上，这些连接电路被集成在汽车线束内按不同位置进行走向，并按许多不同方式固定。组合仪表灯如图 3-19 所示，当驻车灯或前大灯开关处于接通位置时，仪表板上的组合仪表背景灯、收音机、暖风与空调系统背景灯、车内开关背景灯便处于工作状态，以提供照明。这些灯的亮度调节由在前大灯开关中的仪表板调光器开关控制。

图3-19 组合仪表灯

3.2.1.3 组合仪表控制电路检测

比亚迪秦 Plus EV 组合仪表的电路图如图3-20所示,检测步骤如下所示。

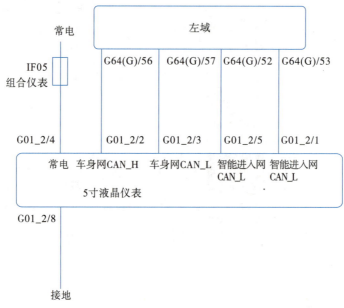

图3-20 组合仪表控制电路

1)检查保险

用万用表检测 IG1 F2-33、常电电源保险 F2-42 是否导通。正常:保险导通;异常,更换保险。

2)检测线束

断开组合仪表 G01 连接器,检查线束端连接器各端子。表3-4 是检查电压的内容。表3-5 是检测电阻的内容。

表 3-4 检查电压

检测仪连接	条件	规定状态
G01-38—车身搭铁	ON 挡	11～14 V
G01-39—车身搭铁	始终	11～14 V

表 3-5 检查电阻

检测仪连接	条件	规定状态
G01-11—车身搭铁	始终	小于 1 Ω
G01-12—车身搭铁	始终	小于 1 Ω

如检测结果异常,则更换线束或连接器。

3.2.1.4 组合仪表拆卸步骤

组合仪表拆卸步骤如图 3-21 所示。

(1)断开蓄电池负极。
(2)将转向管柱调节至最下端。
(3)拆卸组合开关上护板。
(4)拆卸组合仪表罩外板。
(5)拆卸组合仪表罩内板。
(6)取出组合仪表。

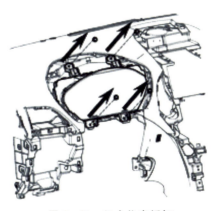

图 3-21 组合仪表拆卸

安装顺序与拆卸顺序相反即可,注意安装过程中线束卡口是否安装到位。

任务实施

1. 作业说明

仪表功能显示异常的故障原因可能是仪表电源、液晶仪表自身和控制电路故障等。因此，需要通过仪表控制电路来排除故障。本作业在进行高压安全防护及断电的情况下进行。

2. 技术标准与要求

供电电压	V
线束电阻	Ω

注：请学员查阅维修资料后填写。

3. 设备器材

(1) 设备与零件总成。

_____

_____

_____

(2) 常用工具。

_____

_____

_____

(3) 耗材及其他。

_____

_____

_____

注：请学员根据场地实际设备器材填写。

4. 作业流程

(1) 做好安全防护，清洁并校准万用表。

(2) 根据故障现象，进行故障分析和症状检查。

(3) 检查蓄电池电压。标准电压值：11～14 V，如果电压值低于11 V，在转至下一步前对蓄电池充电或更换蓄电池。

(4) 参照故障症状表,如表 3-6 所示,分析故障原因及部位。

表 3-6 故障症状表

故障症状	可能发生故障的部位
整个仪表不工作	电源电路
	组合仪表
仪表背光调节不起作用	组合仪表
整车背光不可调节	组合仪表
	线束
	其他模块

(5) 用故障诊断仪诊断,把故障诊断仪连接到 DLC 口上,读取故障码,如果无故障码输出,则进行第(6)步;如果有故障码输出,则进行第(7)步。

(6) 全面分析与诊断。

(7) 调整、维修或更换。

(8) 确认测试。

自我测试

(1) 简述新能源汽车组合仪表与传统汽车组合仪表的区别。

(2) 简述组合仪表控制电路的检测流程及技术要点。

(3) 简述组合仪表拆卸流程及技术要点。

拓展学习

汽车灯光未来应用方向

抬头显示简称 HUD(head-up display)，又被叫做平视显示系统，是指以车辆驾驶员为中心的盲操作、多功能仪表盘。它的作用就是把时速、导航等重要的行车信息，投影到驾驶员前面的挡风玻璃上，让驾驶员尽量做到不低头、不转头就能看到时速、导航等重要的驾驶信息。HUD 分为三类，早期汽车上用的 HUD，叫做 C–HUD。它类似于教室里安装的幻灯片投影，在方向盘前方、挡风玻璃后方安装一款透明树脂板，用作投影介质。

C–HUD 安装简单成本低，价格也便宜。但它的缺点也很明显，那就是视觉体验有局限性，还有发生事故时容易发生二次伤害。后来，就衍生出了 W–HUD。现在大多数搭载 HUD 的车型都采用的是 W–HUD。它抛弃了 C–HUD 的单独透明板的成像形式，数据显示可以直接投在挡风玻璃上（图 3–22）。

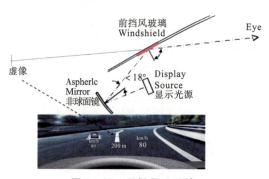

图 3–22 平视显示系统

不过，与 C–HUD 使用的平面化投影介质不同，由于汽车的前挡风玻璃都是曲面，为了保证不同视角下相同大小的投影显示和投影画面的稳定，使用 W–HUD 时需要把挡风玻璃做成上厚下薄的楔形，玻璃中间还需添加一层 PVB 薄膜夹层。并且面对不同车型挡风玻璃的多样性，在 HUD 的投影尺寸、画面的匹配上也增加了更多的人力和时间成本。现在还有一种比较新型的 HUD 多了一个 AR 的前缀，AR–HUD 从严格意义上讲是 W–HUD 的一种，投影介质都是挡风玻璃。但与常规 W–HUD 不同的是，在视觉显示上，W–HUD 是平面化显示，不会随肉眼的移动而有所改变，而 AR–HUD 则是立体化显示，能够展示的信息更多，并且能够随视觉的变化进行缩放。AR–HUD 在 W–HUD 的基础上，除了显示传统仪表盘的相关信息以外，还结合了 ADAS 辅助驾驶系统的相关数据，并且添加了车道引导箭头等指示信息，能够达到虚拟信息数据与现实环境更大程度融合的体验效果，可以简单理解为 AR 游戏的体验感。因此，现在的 AR–HUD 显示方式大多分为上下两层，下层是传统数据，上层是新增的辅助驾驶相关数据和指示画面。这也变成了区分传统 W–HUD 和 AR–HUD 的直接方式。

5. **填写考核工单**

一、查询并记录发动机信息					
品牌		整车型号		生产日期	
发电机型号		驱动电机型号		动力电池额定电压	
发电机排量		额定功率		额定容量	
车辆识别代码				行驶里程	

二、查询用户手册，记录仪表指示灯的含义

1. 新能源汽车仪表板常见的灯

序号	图示	含义	序号	图示	含义
1			6		
2			7	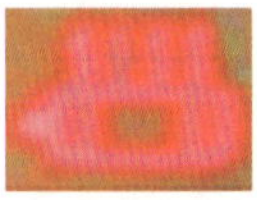	
3			8	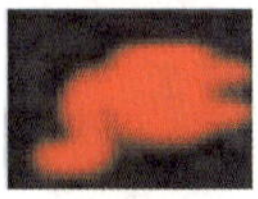	
4	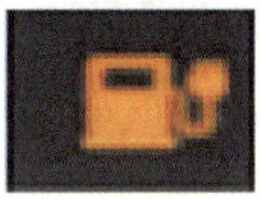		9		
5			10		

2. 仪表板拆装步骤

仪表板拆卸步骤	第____章____节____页	注意事项	

拆卸步骤：

3.组合仪表控制电路		第____章第____页		组合仪表控制电路编号		
电路图						
项目	检测参数		标准值	测量值	判定	
供电					正常□	异常□
接地					正常□	异常□
线束					正常□	异常□
					正常□	异常□
					正常□	异常□
					正常□	异常□

任务 3.3

洗涤系统检测与维修

任务引入

一辆比亚迪秦 Plus EV 汽车，行驶中打开前雨刷清洗器开关，清洗器不喷水。经省级技能大师综合诊断后，将问题锁定在洗涤系统上，需对洗涤系统进行拆装检测，并根据检测结果进行维修或者更换。

学习目标

(1)掌握新能源汽车洗涤系统的组成。
(2)理解新能源汽车洗涤系统的工作原理。
(3)能够按照工艺规范进行新能源汽车洗涤电路的检测。
(4)能对前洗涤系统的保险丝、开关、电动机等进行检测并更换。
(5)能够正确使用拆装工具、检测仪器。
(6)具有良好的思想政治素质、行为规范及职业道德。

知识准备

3.3.1 新能源汽车洗涤系统的概述

3.3.1.1 洗涤系统的作用

洗涤系统也是新能源汽车上很普通的装置，它由储水箱、水泵、输水管、喷水嘴组成，如图 3-23 所示。其中储水箱一般是 1.5~2.0 L 的塑料罐，水泵是一种微型电动离心泵，通过它将储水箱的洗涤水输向喷水嘴，经过喷水嘴的挤压将洗涤水分成细小的射流喷向挡风玻璃，配合雨刮器起到清洁挡风玻璃的作用。

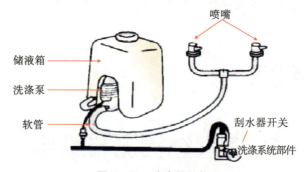

图 3-23　洗涤器结构

3.3.1.2　雨刮洗涤系统的拆装

1. 前雨刮器总成拆装

（1）拆卸左、右雨刮刮臂，取下两个刮臂装饰帽，拆卸 2 个固定螺母，如图 3-24 所示。

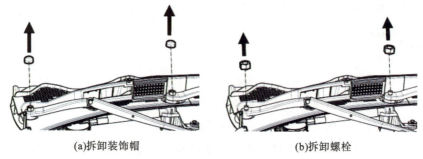

(a)拆卸装饰帽　　　　　　　　(b)拆卸螺栓

图 3-24　拆卸左右雨刮刮臂

（2）拆卸前雨刮器总成。用 10♯套筒拆卸 2 个螺栓，断开接插件，取下前雨刮器总成，如图 3-25 所示。

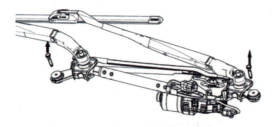

图 3-25　拆卸前雨刮器总成

（3）安装前雨刮总成，如图3-26所示。将前雨刮器总成对准安装孔，安装2个螺栓，接上接插件。

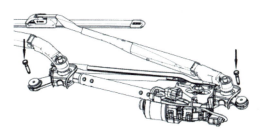

图3-26 安装前雨刮总成

（4）安装前通风盖板。

（5）安装左、右雨刮刮臂。将刮臂插入固定螺栓，安装2个固定螺母，如图3-27所示，安装2个刮臂装饰帽，如图3-28所示。

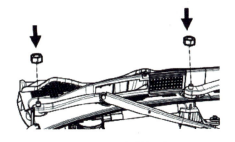 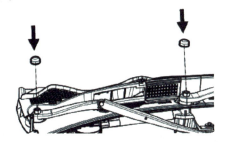

图3-27 安装螺母　　　　　　图3-28 安装装饰帽

2. 洗涤电动机拆装

（1）拆卸前保险杠总成。

（2）断开洗涤软管。

（3）拆卸洗涤液壶。

断开电动机上的接插件，取下1个卡扣，用10♯套筒拆卸3个螺栓，取下洗涤液壶，如图3-29所示。从洗涤液壶上拆下洗涤电动机，如图3-30所示。

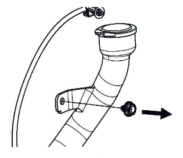 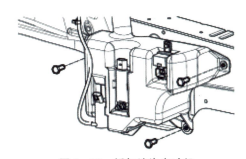

图3-29 取下洗涤液壶　　　　　　图3-30 拆卸洗涤电动机

(4)安装洗涤电动机。将洗涤电动机装入洗涤液壶,如图 3-31 所示。

(5)安装洗涤液壶。将洗涤液壶装入安装位置,装上 3 个螺栓,力矩约为 10 N·m,卡上 1 个卡扣,如图 3-32 所示。

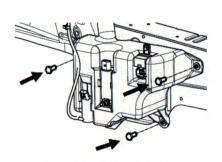

图 3-31 安装洗涤电动机

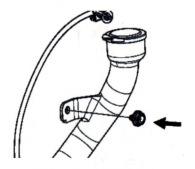

图 3-32 安装洗涤液壶

(6)接上洗涤管路。

(7)安装前保险。

3.3.2 新能源汽车洗涤系统的检修

3.3.2.1 洗涤系统的检修

洗涤系统的故障主要表现在洗涤电动机损坏,洗涤系统电源、接地故障,洗涤电动机开关故障。雨刮和洗涤系统的控制电路图如图 3-33 所示。洗涤系统的检测步骤如下所示。

1)检查保险

用万用表检查仪表配电盒 F1-34 保险。正常,保险导通;异常,更换保险。

2)检查继电器 K1-22

从继电器控制模块中拔下继电器 K1-22,检查继电器端子,给 1-2 脚加蓄电池电压,检查 3-5 端子之间的电阻,正常情况下,电阻小于 1 Ω。然后将 1-2 脚悬空,检查 3-5 端子之间的电阻,正常情况下,电阻大于 10 kΩ。如果检查结果与标准不一致,则更换继电器。

3)检查洗涤电动机

断开前雨刮电动机连接器 B04,给电动机对应端子通电,检查电动机运行状态。检测内容如表 3-7 所示。

表 3-7 洗涤电动机检查标准

端子	条件	正常情况
1-蓄电池正极;2-蓄电池负极	—	电动机运转

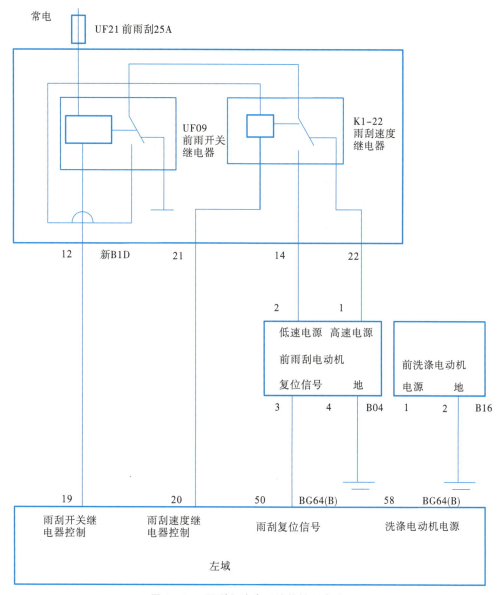

图 3-33 雨刮和洗涤系统的控制电路图

4)检查线束(洗涤电动机-左域)

断开洗涤电动机连接器 B16。断开左域连接器 BG86(B),用万用表检查端子 B16/1—BG86(B)/58 间阻值。正常情况下,阻值小于 1Ω,再用万用表检测 B16/2—车身地之间的电阻值是否大于 10 kΩ。如以上检查结果与标准不一致,则更换线束。

新能源汽车电子电气空调**舒适技术**

任务实施

1. 作业说明

造成比亚迪汽车洗涤器不喷水故障的原因可能是洗涤器机械故障及电气故障，因此需要通过检测洗涤电路来排除故障。本作业进行时按要求做好车辆及人员的安全防护。

2. 技术标准与要求

电源	V
线束电阻	Ω

注：请学员查阅维修资料后填写。

3. 设备器材

(1) 设备与零件总成。

_____

_____

_____

(2) 常用工具。

_____

_____

_____

(3) 耗材及其他。

_____

_____

_____

注：请学员根据场地实际设备器材填写。

4. 作业流程

(1) 做好安全防护，清洁并校准万用表和示波器。

(2) 根据故障现象，进行故障分析和症状检查。

(3) 检查蓄电池电压。标准电压值：11～14 V，如果电压值低于 11 V，在转至下一步前对蓄电池充电或更换蓄电池。

(4)参照故障症状表，如表3-8所示，分析故障原因及部位。

表 3-8 故障症状表

故障症状	可能发生故障的部位
前雨刮电动机在某个挡位不工作（其他挡位正常）	组合开关控制电路
	前雨刮电动机
前雨刮电动机不能复位	前雨刮电动机
	线束
	BCM
前雨刮电动机不工作	保险
	前洗涤电动机电路
	组合开关控制电路

(5)用故障诊断仪诊断，把故障诊断仪连接到 DLC 口上，读取故障码，如果无故障码输出，则进行第(6)步；如果有故障码输出，则进行第(7)步。

(6)全面分析与诊断。

(7)调整、维修或更换。

(8)确认测试。

自我测试

(1)简述新能源汽车洗涤系统的作用及组成。

(2)简述比亚迪秦雨刮控制电路的检测流程及技术要点。

(3)简述前洗涤系统常见的故障类型及检修。

5. 填写考核工单

一、查询并记录车辆信息					
车辆品牌		整车型号		续航里程	
行驶里程		车辆识别代码			

二、检查保险			
连接端子：		正常□	异常□
连接端子：		正常□	异常□

三、检查继电器			
连接端子	测量值	正常值	是否更换继电器

四、检查线束			
连接端子	测量值	正常值	是否更换线束

五、检查洗涤器电动机			
电动机连接蓄电池		正常□	异常□

六、洗涤电动机及水壶拆装作业流程	
拆装步骤	第____章第____页

拆卸步骤记录：

安装步骤记录：

拆装注意事项：

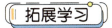

汽车雨刮新技术

　　汽车挡风玻璃上设有汽车雨刷器,在下雨时,汽车雨刷可用来刮除挡风玻璃表面的雨滴,使汽车驾驶员的视野更加清晰和开阔。但是雨刷在一定程度上也阻挡了驾驶人员的视线。尤其是雨量很小的时候,雨刷器对驾驶员视线的阻挡程度远超过雨水的阻挡程度。当雨量较大时,单靠雨刷器工作又不能及时将雨水刮掉,这都将导致驾驶员不能安全驾驶。今后设计的新型汽车雨刷器在雨刷骨架和雨刷臂上设置通风道,通过通风道将鼓风机吹出的风引导、散出,形成放射状的气柱。当雨量较小时,仅依靠鼓风机工作,形成放射状的气柱,将挡风玻璃上空的雨水吹斜,使雨水在挡风玻璃上空由中心向两侧滑落,远离挡风玻璃,同时避免雨刷器工作对驾驶员视线产生影响;当雨量较大时,雨刷器和鼓风机同时工作,在两种措施下能够及时将雨水除去,保证驾驶员视野清晰,以减少交通事故的发生。

任务 3.4

喇叭系统检测与维修

任务引入

某顾客的比亚迪秦 Plus EV 汽车在行驶中出现按动喇叭开关但喇叭不响的问题，经省级技能大师综合诊断后，将问题锁定在喇叭系统上，需对喇叭系统的控制电路进行检测，并根据检测结果进行维修或者更换。

学习目标

(1) 掌握新能源汽车喇叭系统的组成。
(2) 理解新能源汽车喇叭系统的工作原理。
(3) 能够按照工艺规范进行新能源汽车喇叭控制电路的检测。
(4) 能够正确使用拆装工具及检测仪器。
(5) 能对喇叭的保险丝、开关等进行更换。
(6) 提高对噪声污染的意识。

知识准备

3.4.1 新能源汽车喇叭系统的概述

3.4.1.1 喇叭系统的分类及结构原理

喇叭是汽车的音响信号装置。在汽车的行驶过程中，驾驶员根据需要和规定发出必需的音响信号，警告行人和引起其他车辆注意，保证交通安全，同时还用于催行与传递信号。

汽车喇叭按声音动力分为气喇叭和电喇叭两种；按其外形分为筒形、螺旋形和盆形三种（图3-34）；按发声频率分为高音喇叭和低音喇叭两种。

图3-34　螺旋形和盆形电喇叭

1. 气喇叭

气喇叭的工作原理是利用压缩空气的气流使金属膜片振动而发出声音，因此必须在带有空气压缩机的汽车上使用。一般在大客车和重型货车上都装有气喇叭，如图3-35所示，特别是长途运输车在山区或弯道等地段行驶时，用气喇叭鸣叫，能有效地提醒行人和对方来车驾驶员的注意。气喇叭音量大，余音好，声音悦耳且传播较远。气喇叭一般采用筒形，并使用高音与低音两个喇叭联合工作。

图3-35　气喇叭

2. 电喇叭

汽车电喇叭是靠金属膜片的振动从而发出声音，具有能源方便、结构简单、体积小、质量小、噪声小、保修容易、声音洪亮及音质悦耳等优点。

1）螺旋形电喇叭

螺旋形汽车电喇叭由铁芯、磁性线圈、触点、衔铁、膜片等组成。当司机按下喇叭开关时，电流经触点通过线圈，如图3-36所示。线圈产生磁力吸下衔铁，强制膜片移动，衔铁移动使触点断开，电流中断，线圈磁力消失，膜片在自身弹性和弹簧片的作用下同衔铁一起恢复原位，触点闭合电路再次接通，电流通过触点流经线圈产生磁力，重复上述动作。如此反复循环膜片不断振动，从而发出音响。

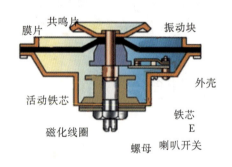

图3-36　螺旋形电喇叭工作原理

共鸣板与膜片刚性连接，可使振动平顺，发出的声音更加悦耳（即电磁铁原理），触点间并联有电容器。它起熄弧、保护触点、改善音色等作用。

2)盆形电喇叭

其工作原理与螺旋形电喇叭相同,结构也基本一致,只是没有扬声筒,声音靠共鸣板产生共鸣后传出。另外,磁路采用螺管式电磁铁,而不是 E 形铁芯,螺管式电磁铁较 E 形电磁铁体积更小。

3.4.1.2 电喇叭的控制原理

电喇叭的控制原理如图 3-37 所示,当按下方向盘上的喇叭按钮时,喇叭继电器线圈通电,使继电器铁芯产生电磁吸力,将继电器触点闭合,接通双音电喇叭,喇叭发音。松开方向盘上喇叭按钮时,继电器线圈断电,铁芯电磁吸力消失,触点在自身弹力作用下张开,切断电喇叭电路,电喇叭停止发音。

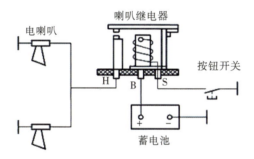

图 3-37 电喇叭的控制原理

3.4.1.3 电喇叭的调整

喇叭的调整主要包括音调调整及音量调整。

1. 音调的调整

螺旋形电喇叭音调调整如图 3-38 所示,音调的高低取决于膜片振动的频率,改变铁芯间隙可以改变膜片的振动频率,从而改变音调。

螺旋形电喇叭调整:松开锁紧螺母,旋转铁芯,调至合适音调时,旋紧螺母即可。

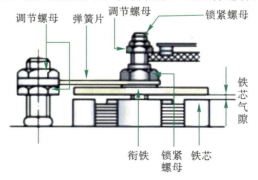

图 3-38 螺旋形电喇叭音调音量调整

盆形电喇叭调整：松开锁紧螺母，旋转音调调整铁芯，使上、下铁心间的间隙调至合适量，拧紧锁紧螺母即可，如图3-39所示。

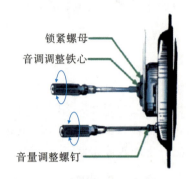

图3-39　盆形电喇叭音调音量调整

2. 音量的调整

音量的大小与通过线圈的电流大小有关，通过的工作电流大，喇叭发出的音量也就大。线圈通过的电流大小，可以通过改变喇叭触点的接触压力来调整（压力增大，通过线圈的电流增大，喇叭的音量增大，反之，音量减小）。

螺旋形电喇叭音量的调整：松开锁紧螺母，然后转动调节螺母，逆时针方向转动时，触点压力增大，音量增大；顺时针方向转动时，触点压力减小，音量减小。

盆形电喇叭：旋转音量调节螺钉，逆时针方向转动时，音量增大；顺时针方向转动时，音量减小。电喇叭音量和音调调整并不是完全独立的，它们两者实际上是相互关联的，因此两者需反复调试才会获得最佳效果。

3.4.2　新能源汽车喇叭系统检修

3.4.2.1　喇叭的检修

喇叭故障主要包括喇叭插头端子松动，喇叭继电器触点烧蚀、方向盘处喇叭开关接触不良等。

3.4.2.2　喇叭拆装作业流程

1）拆卸

断开蓄电池负极；拆卸前保险杠；拆卸前保险杠网格；拆卸喇叭；断开喇叭上的接插件；用13♯扳手拆下2个固定螺栓，取下喇叭，如图3-40所示。

2）安装

对准喇叭安装孔；用13♯扳手安装2个固定螺栓；安装前保险杠网格；安装前保险杠；搭好蓄电池负极。

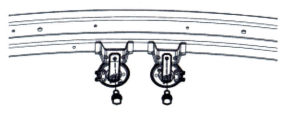

图 3-40 拆卸喇叭

3.4.2.3 喇叭开关拆装作业流程

断开蓄电池接地电缆；确保 SRS 系统安全；拆卸驾驶员气囊模块；拆卸两个螺钉，断开电气接头（图 3-41）。

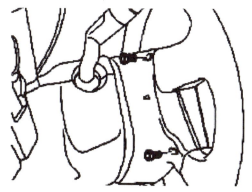

图 3-41 拆卸喇叭开关

3.4.2.3 喇叭控制电路检修

喇叭控制电路如图 3-42 所示，其检测方法如下所示。

1）检查保险

用万用表检查喇叭保险 F1/17 是否导通。

2）检查电喇叭

给电喇叭两引脚 B07(A)-1 与 B07(A)-2 通蓄电池电，检查是否鸣响。如电喇叭不响，则更换不响的电喇叭。

3）检查线束

断开前舱配电盒连接器，断开高音喇叭连接器。

检查 BIC-5 与 B07(A)-2 线束端、B07(A)-1 与车身地之间的电阻，标准值小于 1 Ω，如不正常，更换线束。

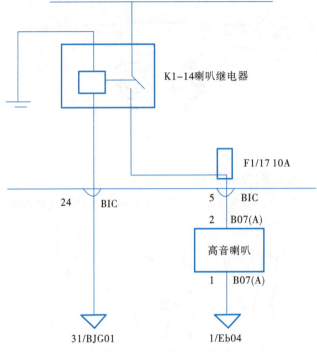

图 3-42 喇叭控制电路检修

任务实施

1. 作业说明

造成比亚迪汽车喇叭不响故障的原因可能是喇叭机械故障及电气故障,因此需要通过检测喇叭控制电路来排除故障。本作业进行时按要求做好车辆及人员的安全防护。

2. 技术标准与要求

检测各线路电压	V
检测各线路电阻	Ω

注:请学员查阅维修资料后填写。

3. 设备器材

(1)喇叭系统台架。

(2)绝缘维修工具、工具箱、零件盒。

_____

_____

_____

注:请学员根据场地实际设备器材填写。

4. 作业流程

(1)做好安全防护,清洁并校准万用表和示波器。

(2)根据故障现象,进行故障分析和症状检查。

(3)检查蓄电池电压。标准电压值:11~14 V,如果电压值低于11 V,在转至下一步前对蓄电池充电或更换蓄电池。

(4)参照故障症状表,如表3-9所示,分析故障原因及部位。

表 3-9 故障症状表

故障症状	可能发生故障的部位
只有一个电喇叭不工作	电喇叭
	线束或连接器
电喇叭都不工作	保险
	继电器
	喇叭开关
	时钟弹簧
	电喇叭
	线束或连接器
喇叭持续鸣叫	喇叭继电器
	喇叭开关
	时钟弹簧
	线束或连接器

(5)用故障诊断仪诊断,把故障诊断仪连接到DLC口上,读取故障码,如果无故障码输出,则进行第(6)步;如果有故障码输出,则进行第(7)步。

(6)全面分析与诊断。

(7)调整、维修或更换。

(8)确认测试。

新能源汽车电子电气空调**舒适技术**

5. 填写考核工单

一、查询并记录车辆信息					
车辆品牌		整车型号		续航里程	
行驶里程			车辆识别代码		

1. 喇叭拆装作业流程（拆卸后需向考官报备）

拆装步骤位置	第____章第____页

拆卸步骤记录：

安装步骤记录：

拆装注意事项：

2. 喇叭控制电路

电路图：	针脚	颜色	端子含义

喇叭控制电路步骤	第____章第____页	喇叭控制电路编号	
项目	检测参数	标准值	测量值	判定
检查喇叭保险				正常□ 异常□
检查喇叭运行情况				正常□ 异常□
检测线束				正常□ 异常□
				正常□ 异常□

自我测试

(1) 简述新能源汽车喇叭的作用及分类。

_____

_____

_____

(2) 分析并写出喇叭不响的原因。

_____

_____

_____

(3) 简述电喇叭的控制原理。

_____

_____

_____

参考答案

拓展学习

汽车喇叭支架尺寸及安装位置对驾驶振动的影响研究

随着汽车技术的不断发展，人们对汽车舒适性的要求越来越高。国际各大整车制造和零部件企业对汽车舒适性的要求更加细致化，不仅仅研究由路面、发电机等对汽车带来的舒适性问题，而且汽车的零部件也成为他们研究汽车舒适性的关键。舒适性包括很多因素，要彻底解决舒适性问题，其实就是解决振动问题。针对汽车喇叭工作时引起的方向盘振动问题，人们研究了汽车喇叭支架尺寸及安装位置对驾驶振动的影响。利用隔振原理，建立喇叭支架的振动模型，采用数学推导计算的方法，得到相应的理论公式，并对喇叭支架尺寸进行分析计算，得到喇叭支架尺寸与响应点处的振动之间的关系，为试验提供理论依据。根据激励点位置对于结构振动特性的影响研究，发现激励点的安装位置对结构的振动特性有着不可忽视的影响。改变其安装位置可以有效降低输入系统的振动能量。利用诺顿等效原理，并借助有限元分析软件，研究喇叭安装在汽车前横梁上的不同位置对响应点处的振动影响。根据现有的试验条件，确定试验方案，通过搭建试验台，对喇叭支架尺寸和安装位置在响应点处的振动影响进行试验。记录试验数据，然后对其进行整理分析，得出喇叭支架尺寸和安装位置对响应点的振动影响的关系，验证理论分析的合理性。利用研究结果解决现有某车型中喇叭工作时引起方向盘振动的问题，对其进行试验。由试验结果可知，通过改变喇叭支架的长度，可以改善方向盘处的振动问题。证实研究结果的正确性。经过理论分析和试验验证得出了喇叭支架尺寸及安装位置对响应点处振动影响的关系，为解决驾驶振动的问题提供重要理论依据。

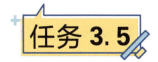

车身附件检修

任务引入

某顾客的比亚迪秦汽车，在行驶过程中出现电动座椅无法调节的情况，经省级技能大师综合诊断后，将问题锁定在座椅控制系统上，需对座椅系统进行拆装检测，并根据检测结果进行维系或者更换。

学习目标

(1) 掌握新能源汽车座椅系统的组成。
(2) 理解新能源汽车座椅系统的工作原理。
(3) 能够按照工艺规范进行新能源汽车座椅控制电路的检测。
(4) 能对座椅的保险丝、开关等进行更换。
(5) 能够正确使用拆装工具、检测仪器设备。
(6) 具有良好的思想政治素质、行为规范及职业道德。
(7) 养成主动探索知识获取方法的习惯以提高学习效率。

知识准备

3.5.1 新能源汽车电动座椅系统的概述

3.5.1.1 新能源汽车电动座椅结构

最早的手动调节座椅在1921年面世。手动调节方式需要成员先通过手柄放松座椅的锁止机构，之后通过改变身体的坐姿和位置来带动座椅移动，最后将锁止机构的手柄放松，将座椅固定在所选择的位置上。这种调节方式的主动施力方是座椅上的乘客，座椅调节起来也不是十分的方便。

电动座椅可以为驾驶者提供便于操作、舒适而又安全的驾驶位置。

普通电动座椅由若干个电动机（图3-43）、传动装置及控制开关（图3-44）等组成。每个电动机为双向电动机，通过开关控制双向动作，通电后，电动机输出的动力经传动装置传至电动座椅，从而对座椅的不同位置进行调节。电动座椅调节装置由前/后滑动调节机构、前垂直调节机构（驾驶员座椅）、后垂直调节机构、靠背调节机构、腰部支撑调节机构、头枕调节机构，以及开关、电路等组成，电动座椅的调节装置及其在座椅上的布置如图3-45所示。

图3-43 座椅电动机

图3-44 控制开关

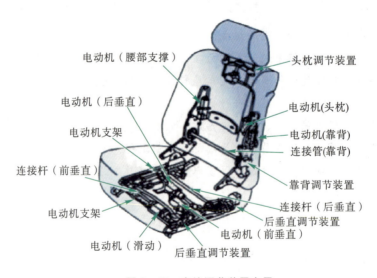

图3-45 座椅调节装置布置

电动座椅每个方向的调节机构都由一个双向电动机和传动装置等组成。传动装置主要包括上下轨道、螺杆、连轴节支架等部件。

3.5.1.2 电动座椅的工作原理

电动座椅的整个系统一般由双向电动机、传动装置和座椅调节器等组成。电动机大都采用体积小、功率大的永磁型电动机,一般由装在左座侧板上或左门扶手上的开关控制,开关可使某一电动机按不同方向运动。开关接通后,电动机的动力通过齿轮、驱动轴转动软轴,再驱动座椅调节器运动。当调节器到达行程终点时,软轴停止转动,如此时电动机仍在转动,其动力将被橡胶联轴节所吸收,用来防止座椅卡住时,电动机过载损坏。当控制开关断电后,回位弹簧能使电磁阀柱塞和爪形接头分离,回到原来位置。为了防止电动机过载,大多数永磁电动机内装熔丝。电动机的数量取决于电动座椅的类型,通常两向移动座椅安装四个电动机,电动座椅使用电动机最多的可达八个。座椅电路如图 3-46 所示。

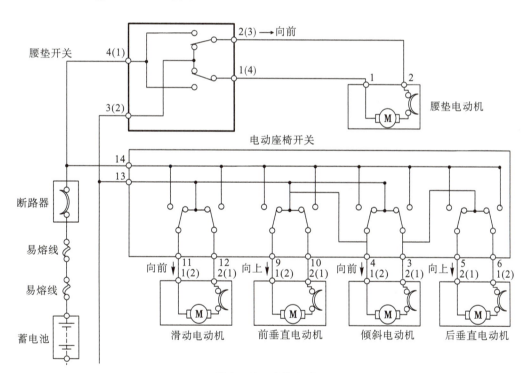

图 3-46 座椅电路

1) 电动座椅向前滑动

蓄电池正极→易熔线→断路器→电动座椅开关 14 号端子→电动座椅开关 11 号端子→滑动电动机 1 号端子(滑动电动机→断路器)→滑动电动机 2 号端子→电动座椅开关 12 号端子→电动座椅开关 13 号端子→搭铁。

2) 电动座椅向后滑动

蓄电池正极→易熔线→断路器→电动座椅开关 14 号端子→电动座椅开关 12 号端

子→滑动电动机(1)号端子(断路器→滑动电动机)→滑动电动机(2)号端子→电动座椅开关 11 号端子→电动座椅开关 13 号端子→搭铁。

3)电动座椅的主要功能

(1)位置调节。

电动座椅越来越智能化和人性化，不但有多达十几种的调节方式，而且具有按摩和"迎宾"功能。例如，有的汽车的驾驶座椅，驾驶人上车后，关好车门，接通点火开关，电动座椅会自动向前移动约 25 mm，以便于驾驶人操纵方向盘；驾驶人退出点火钥匙，打开车门准备离开时，电动座椅会自动向后移动约 25 mm，以便于驾驶人下车。

(2)温度调节。

汽车多采用了半导体温度调节座椅，可以对座椅进行冷热调节，使驾驶人感觉更加舒适。

(3)振动提醒。

有的车型的控制系统能够振动电动座椅的一侧或者两侧，以提醒驾驶人注意某些事项。

3.5.2 电动座椅的检修

3.5.2.1 电动座椅的故障类型

(1)座椅调节卡滞或失效。

(2)座椅晃动、异响。

(3)座椅滑轨松旷。

(4)座椅表皮塌陷、变形。

(5)座椅表皮缝线开缝。

3.5.2.2 电动座椅的检测

电动座椅控制电路如图 3-47 所示，其检测方法如下：

(1)检查保险。用万用表检测仪表配电盒中 IF21（左前电动座椅）保险。保险导通，说明正常，反之，更换保险。

(2)检查座椅运行情况。

(3)检查线束。断开主驾座椅总成线束连接器 KO1，测量线束端连接器 KO1 各端子间的电压或电阻。KO1-1 与车身地之间的电压正常是 11~14 V，KO1-21 与车身地之间的电压正常是小于 1 V。

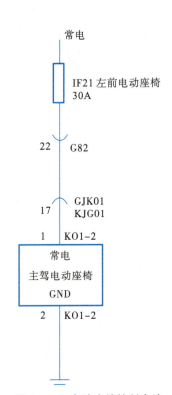

图 3-47 电动座椅控制电路

3.5.2.3　电动座椅拆卸

1) 前排座椅拆卸方法

(1) 将座椅滑轨解锁并移动座椅至最后锁止位置，拆下座椅螺栓前盖板。

(2) 拆卸座椅前面两个螺钉(T45)。

(3) 将座椅滑轨解锁并移动座椅至中间位置，拆下座椅后面的两个螺钉(T45)。

(4) 座椅移至最后，往前倾斜座椅，拆下座椅下方的线束接插件。

(5) 取出座椅。

2) 后排座椅拆卸方法

(1) 取下后排座椅两侧螺钉盖板(先将盖板下部往外拉，然后向上提)。

(2) 拆下靠背两端螺钉(21 mm)。

(3) 同时拉动靠背两侧底部的黑色拉绳，将座椅靠背解锁，取出座椅靠背。

(4) 拆掉右侧安全带固定螺栓(14 mm)及坐垫后方安全出口处螺钉(12 mm)，取出坐垫。

任务实施

1. 作业说明

造成比亚迪汽车座椅无法调节故障的原因可能是座椅机械故障及电气故障，因此需要通过检查座椅系统来排除故障。本作业进行时按要求做好车辆及人员的安全防护。

2. 技术标准与要求

检测供电电压	V
检测线束电阻	Ω

注：请学员查阅维修资料后填写。

3. 设备器材

(1) 设备与零件总成。

_____

_____

_____

(2) 常用工具。

_____

_____

_____

(3)耗材及其他。

_____

_____

_____

注：请学员根据场地实际设备器材填写。

4. 作业流程

(1)做好安全防护，清洁并校准万用表。

(2)根据故障现象，进行故障分析和症状检查。

(3)检查蓄电池电压。标准电压值：11~14 V，如果电压值低于11 V，在转至下一步前对蓄电池充电或更换蓄电池。

(4)参照故障症状表，如表3-10所示，分析故障原因及部位。

表 3-10 故障症状表

故障症状	可能发生故障的部位
电动座椅完全不动作	保险
	线路
	座椅开关
电动座椅某个方向不能工作	座椅电动机
	座椅开关
	线束或连接器
座椅完全无法电动调节	保险
	座椅总成
	线束

(5)用故障诊断仪诊断，把故障诊断仪连接到DLC口上，读取故障码，如果无故障码输出，则进行第(6)步；如果有故障码输出，则进行第(7)步。

(6)全面分析与诊断。

(7)调整、维修或更换。

(8)确认测试。

5. 填写考核工单

一、查询并记录车辆信息					
车辆品牌		整车型号		续航里程	
行驶里程			车辆识别代码		

1. 前排座椅拆装作业流程（拆卸后需向考官报备）

拆装步骤位置	第____章第____页

拆卸步骤记录：

安装步骤记录：

拆装注意事项：

2. 左前座椅（主驾电动座椅）控制电路

电路图：		针脚	颜色	端子含义

左前座椅控制电路步骤		第____章第____页	控制电动机编号	
项目	检测参数	标准值	测量值	判定
检查座椅保险				正常□ 异常□
检查座椅运行情况				正常□ 异常□
				正常□ 异常□
检测线束				正常□ 异常□
				正常□ 异常□

自我测试

(1)简述电动座椅基本工作原理。
_____
_____
_____

(2)试分析电动座椅故障检测流程。
_____
_____
_____

(3)简述电动座椅不工作可能引起的故障。
_____
_____
_____

参考答案

拓展学习

未来汽车座椅的发展趋势

随着消费者生活质量的提高,消费者对汽车座椅的品质追求也越来越高,为了使汽车座椅的舒适性及安全性进一步提高,自主品牌需要加大对汽车座椅的研发力度,使汽车座椅向着新结构、新工艺、新材料的方向发展,在轻量化、智能化、舒适性和个性化方面做出变革。

在轻量化方面,由于电动汽车的发展势头越来越强劲,各个国家纷纷公布了燃油车禁售时间表,未来电动车会是绝对的主流,而受限于目前电池技术的发展,原始设备制造商只能想办法降低整车的重量来提高续航里程,而座椅作为重量级的内饰件,必然会在轻量化上受到巨大的挑战。各个主流座椅供应商纷纷开始研究未来座椅轻量化的解决方案,高强钢、镁铝合金、碳纤维、塑料骨架等,这些技术的应用和突破必将是座椅轻量化的重要路线。

在智能化方面,随着电动车的发展,自动驾驶的等级也越来越高,各大主机厂纷纷与主流互联网公司联合开发新一代自动驾驶技术,自动驾驶必将成为未来的趋势。为了适应这个潮流,需要开发智能化的座椅,满足乘员不同的使用场景,比如交流场景、会议场景、娱乐场景、休息场景，乘员的一个指令即可使座椅变换到不同的使用模式，越来越没有存在感的座椅应该就是优秀的智能化座椅。

随着自动驾驶的发展，乘员对车辆的操控需求会逐渐降低，而乘员的生活、娱乐、商务需求会逐渐上升，这时座椅的舒适性和功能性的体验会就成为重中之重，不仅要考虑到乘员感官上的感受，还要兼顾心理感受，传统的按摩通风功能会成为基本功能，当然，需要探索更优的解决方案，弱化机构的存在感，人体的心率监测、健康状态监测应该是座椅的基本功能，甚至可以对乘员发出健康建议。

个性化座椅是另一个增长趋势，随着驾驶员角色的减弱，车辆座椅的功能将发生显著变化，未来汽车座椅及内饰一定会变得更加定制化和个性化，比如在色彩、自适应座椅、场景体验等方面满足消费者对功能及感官上的需求。而未来汽车座椅很可能会结合 AI 等技能自主分辨乘客，并提供定制化服务，例如满足特殊残疾人群的定制需求。

总的来说，未来汽车座椅会朝着更加舒适、安全、智能物联化的方向发展。其功能也会越来越多，并且平顺性能更加优化，重量也会越来越低。

模块四
新能源汽车空调系统检修

任务 4.1

空调系统部件检修

任务引入

某顾客的比亚迪秦 Plus EV 汽车最近表现出空调不制冷的问题，经省级技能大师杨师傅综合诊断后，将问题锁定在空调制冷系统关键部件的机械问题上，需对空调系统部件进行检测，并根据检测结果进行维修或者更换。

学习目标

（1）掌握新能源汽车空调系统的部件功能与结构。
（2）理解新能源汽车空调制冷系统部件的工作原理。
（3）能够按照工艺规范进行新能源汽车制冷系统部件的拆卸、检测及维修。
（4）能够规范使用常用拆装工具、检测仪器。
（5）严格执行工艺规范，重视安全生产。
（6）培养爱岗敬业、艰苦奋斗的劳模精神。

知识准备

由于新能源汽车不采用发动机（内燃机）作为整车的动力源，新能源汽车空调（Air Condition，简称 AC）也无法利用发动机余热达到取暖及除霜的目的，因此新能源汽车空调系统相比于传统燃油车空调系统增加了电动压缩机和 PTC（positive temperature coefficient，正温度系数）加热系统，采用热泵系统实现制冷及制热。比亚迪秦 Plus EV 汽车空调系统的组成如图 4-1 所示。

新能源汽车电子电气空调**舒适技术**

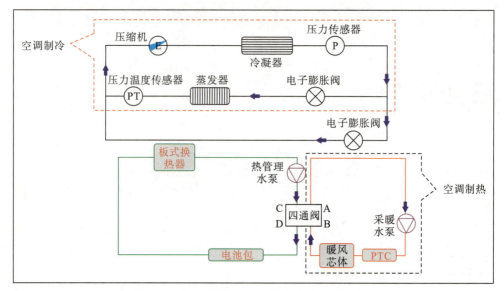

图 4-1 比亚迪秦 Plus EV 汽车空调系统组成图

4.1.1 新能源汽车空调系统关键部件

1. 电动压缩机

新能源汽车电动压缩机是通过高压驱动，把低温、低压气态的制冷剂吸入压缩成高温、高压液态制冷剂，使制冷剂环绕系统循环的部件。电动压缩机上安装有压缩机吸气口、排气口、驱动控制器、高低压接插件等部件。电动压缩机各部件的安装位置如图 4-2 所示。

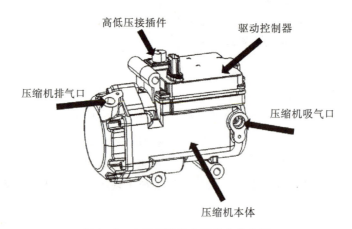

图 4-2 电动压缩机各部件安装位置

新能源汽车电动压缩机普遍采用电动涡旋压缩机，主要由壳体、电控单元、电动机定子与转子、动涡盘、静涡盘等部件组成（图4-3）。其中，动静涡盘旋转组成数对月形腔体，分别形成了涡旋压缩机的吸气腔、压缩腔和排气腔，具有三对月牙形腔体的电动涡旋压缩机在每一周有一对吸气口、一对吸气腔、一对压缩腔、一个排气口和一个排气腔。

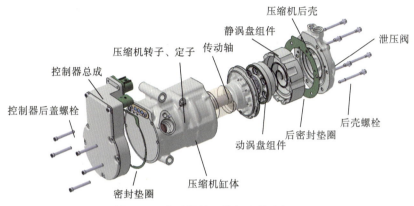

图4-3 电动涡旋压缩机总体分解图

电动压缩机工作时由无刷电动机带动动盘旋转，通过动、静盘的相互旋转配合，压缩处在动静盘间的制冷剂，完成吸气、压缩、排气的过程。电动空调压缩机工作过程如图4-4所示。在过程开始时，气态制冷剂被吸至动静盘的外侧，并通过动静盘的不断旋转形成气阱，旋转的动静盘的偏心运动进一步压缩制冷剂，将其推入中心，并在此通过高压排出。

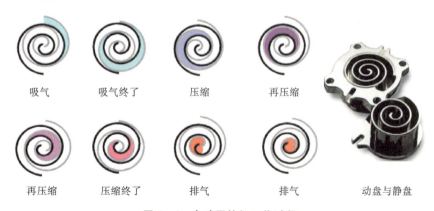

图4-4 电动压缩机工作过程

2. 板式换热器

板式换热器总成是制冷剂和电池冷却液的热交换部件，通过制冷剂给电池冷却液降温，从而给电池进行冷却。其管路接口及位置如图4-5所示。

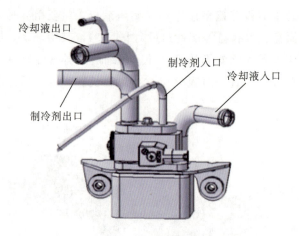

图 4-5 板式换热器

板式换热器的芯体主要由底板、流通板 A、流通板 B 和端板组成，如图 4-6 所示。流通板 A 和流通板 B 相互间隔排列，形成流道 1 和流道 2，分别通入制冷剂或冷却液；制冷剂与冷却液在芯体中逆流布置，即流动方向相反。

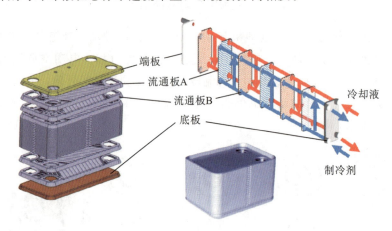

图 4-6 板式换热器总体分解图

3. 空调控制器

空调控制器是系统制冷、制热、通风、除霜及热管理的大脑，是整个空调系统（包括制冷和采暖）的总控中心，协调控制空调系统的工作，它通过接收温度、开关、执行器电动机位置、光照等信号，控制各执行器的运行。它安装在蒸发箱底部，如图 4-7 所示。空调控制器在整车 CAN 网络上属于舒适网，但它与电动压缩机模块、PTC 模块组成一个空调子网。空调控制器与压缩机集成一体，控制器通过 IPM（intelligtnt power module，智能功率模块）变频调节电动压缩机转速，并且具有过电流、欠电压自动检测和保护功能。

空调控制器通过LIN总线与空调控制面板、空调压缩机控制器、PTC加热器、三通电磁阀等进行数据通信，如果空调控制器的LIN总线出现故障，将导致空调控制器无法获知面板需求信号，空调控制器将不启动运行，车辆空调系统所有功能丧失，同时在充电时空调控制器发送的热管理请求（充电预热、充电散热）无法传输至空调压缩机及控制器、PTC加热器及三通电磁阀，导致整车热管理功能失效。

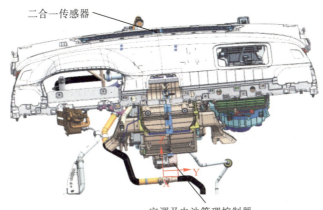

图4-7 空调控制器

4. 空调控制面板

空调控制面板主要由按键、内部集成处理单元和信号显示窗口等组成，按键能反映驾驶人及乘客对车内温度、出风口方向、出风量大小等的需求，内部集成处理单元能采集按键信号，然后将信号通过LIN线发给空调控制器，由空调控制器负责控制各元件工作，显示信号由空调控制器通过LIN线发给空调控制面板，空调控制面板接受显示信号后将信息在空调控制面板上显示出来。

空调控制面板的示意图如图4-8所示。

1—风速调节开关；2—空调开关；3—模式调节开关；4—前除霜开关；5—后除霜开关；
6—空调关闭键；7—循环模式开关；8—温度控制；9—液晶显示。

图4-8 空调控制面板的示意图

系统有自动（AUTO）、手动（MANU）和停止（OFF）三种状态，驾驶人在按 AUTO 按键后，室内设定温度自动跳转至 23 ℃，内外循环根据当前工作状态进行调整（制冷工况进入内循环、采暖工况进入外循环）而且在调整温度时不退出自动模式，驾驶人可以通过操作 MODE 按键、AC 按钮、风量调节旋钮使压缩机控制进入手动模式。

空调控制面板通过 LIN 总线与空调控制器、PTC 加热器、空调压缩机控制器进行通信，以便告知对方驾驶人、乘客的需求及车辆的运行状态，如果其 LIN 总线出现故障，将导致空调控制器无法获知面板需求信号，空调系统所有功能丧失。

5. 空调压力开关

空调压力开关主要用于检测高压管路中制冷剂的最低压力和最高压力，并把压力信号转换成电信号反馈给空调控制器，以便及时调整冷却风扇的转速及压缩机的启停，保护空调系统不至由于压力过低造成压缩机润滑油流动不畅而致使压缩机损坏，并保护空调系统不至由于压力过高造成系统泄漏。

6. 压力传感器

空调压力传感器安装在空调高压管路上，其作用是防止制冷系统在极限制冷剂管路压力下工作，其工作原理是向空调控制模块输出压力信号，当检测到空调制冷管路压力过低或过高时，控制系统停止对空调压缩机供电，压缩机停止运转，以免对空调系统造成损坏。

4.1.2 空调系统关键部件的拆检

1. 电动压缩机总成拆检

1）拆卸

将制冷系统内部制冷剂完全回收后，用举升机将车举起，然后用棘轮扳手和 10# 套筒将压缩机吸入管、压缩机排出管与压缩机对接端的压板螺栓拆卸下来，如图 4-9 所示。拔掉压缩机高低压端接插件，并拆开压缩机高压线束与车身横梁及蓄电池托盘固定扎带，如图 4-10 所示。

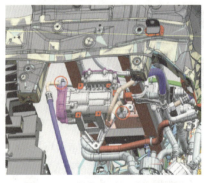 

图 4-9　拆卸电动压缩机螺栓　　图 4-10　断开压缩机高低压接插件及固定扎带

用工具将紧固电动压缩机的螺栓拆卸下来,并从整车上取出电动压缩机,如图 4－11 所示。

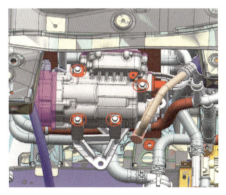

图 4－11　拆卸紧固电动压缩机的螺栓

2)安装

用与拆卸相反的顺序安装压缩机总成。

2. 空调控制器拆装

1)拆卸

将电源挡位退至 OFF 挡;断开蓄电池负极;拆卸副仪表板左前护板总成;断开空调及电池热管理控制连接器,用套筒拆卸空调 ECU 及电池热管理控制器支架(控制器随支架一起),如图 4－12 所示。

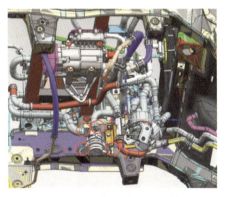

图 4－12　空调控制器拆装

2)安装

安装空调控制器,安装空调 ECU 及电池热管理控制器连接器;安装副仪表板左前板总成;接上蓄电池负极。

3. 空调箱体拆装

准备工具：十字起一把，小号 8 套筒、10 套筒、13 套筒、棘轮（加长杆）、卡箍钳。

1）拆卸

首先关闭点火开关，断开蓄电池负极；回收冷媒；拆卸左右 A 柱护板，拆卸 PAD，拆卸 PAD 支架；拆卸仪表，拆卸方向盘，拆卸上下本体，断开连接器；拆卸副仪表台，断开管梁与车身各连接点，断开空调箱体上的各管路（制冷管路、暖风管路、排水管）；断开空调上各接插件，用棘轮拆卸空调箱体与前围板的固定点；断开转向管柱，将管梁同箱体一起抬出驾驶舱。

2）安装

安装时将管梁同箱体放入驾驶舱正确位置；连接转向管柱，将空调箱体装入固定位置，接上各连接件、管路；安装空调箱体与前围板的固定点，接上空调箱体上各管路，安装管梁与车身各连接点，安装仪表板下本体；安装副仪表台，安装 PAD 支架，连接好各个连接器，安装中控面板，安装右风口装饰板、仪表板左中装饰板，安装仪表板上本体，加注冷媒，接上蓄电池负极，如图 4-13 所示。

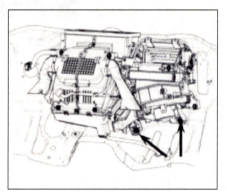

图 4-13 空调箱体安装

4.1.3 空调控制面板拆检

1. 拆卸步骤

(1) 将电源挡位置放至 OFF 挡。

(2) 断开蓄电池负极。

(3) 拆卸组合仪表盖罩。

(4) 拆卸仪表板中盖板。

(5) 拆卸中控装饰条。

(6) 拆卸换挡机构盖板。

(7) 拆卸点烟器盒。

(8) 拆卸空调面板（用十字起拆卸两固定螺丝，用一字起小心撬起周边卡扣，取出空调面板，断开后面板接插件）。

2. 检查及安装步骤

(1) 检查空调控制面板是否接触不良，如不良，正确连接空调控制面板接插件。

(2) 将空调面板放入固定位置，如图 4-14 所示，接上后面接插件。

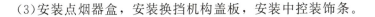

（3）安装点烟器盒，安装换挡机构盖板，安装中控装饰条。

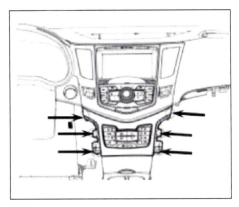

图 4-14　空调控制面板

4.1.4　空调压力传感器控制电路检测

压力传感器控制电路如图 4-15 所示，检测的步骤如下所示。

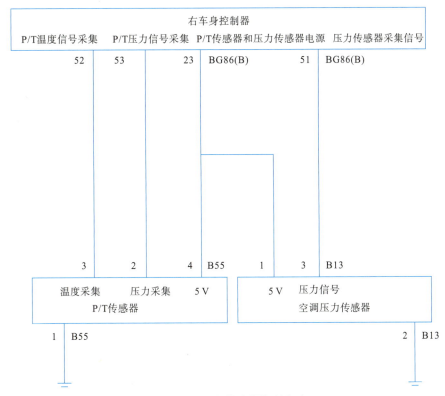

图 4-15　压力传感器控制电路

(1) 拔下压力传感器连接器 B13 后端引线。

(2) 拔下右车身控制器 B 端口连接器。

(3) 测量线束端连接器 BG86(B)-23 与 B13-1、BG86(B)-51 与 B13-3、B13-2 与车身接地之间的电阻，正常值小于 1 Ω，如检测结果与标准值不一致，更换线束或连接器。

任务实施

1. 作业说明

造成空调制冷系统出现故障的原因可能是压缩机机械故障、空调控制器机械故障及空调箱体机械故障等。因此，需要通过压缩机总成拆检、空调控制器拆检、空调箱体拆装排除故障。本作业在进行高压安全防护及断电的情况下进行。

2. 技术标准与要求

压缩机拧紧扭矩	N·m
供电	V

注：请学员查阅维修资料后填写。

3. 设备器材

(1) 设备与零件总成。

_____

_____

_____

(2) 常用工具。

_____

_____

_____

(3) 耗材及其他。

_____

_____

_____

注：请学员根据场地实际设备器材填写。

4. 作业流程

(1)做好安全防护,清洁总成及工具。

(2)根据故障现象,进行故障分析和症状检查。

(3)检查蓄电池电压。标准电压值:11~14 V,如果电压值低于11 V,在转至下一步前对蓄电池充电或更换蓄电池。

(4)参照故障症状表(表4-1),分析故障原因及部位。

表4-1 故障症状表

故障症状	可能发生故障的部位
仅制冷系统失效(鼓风机工作正常)	压力传感器
	压缩机
	请求允许回路
	压缩机保险/继电器
	线束或连接器
空调不制冷	整车控制器未收到制冷请求信号
	整车控制器收到空调制冷请求信号,但未发出批准信号
	整车控制器接收到空调制冷请求信号,并发出制冷信号,但压缩机不工作

(5)用故障诊断仪诊断,把故障诊断仪连接到DLC口上,读取故障码,如果无故障码输出,则进行第(6)步;如果有故障码输出,则进行第(7)步。

(6)全面分析与诊断。

(7)调整、维修或更换。

(8)确认测试。

5. 填写考核工单

一、查询并记录车辆信息							
品牌		整车型号		生产日期		行驶里程	
驱动电机型号				额定功率			
动力电池额定电压				额定容量			
电动机类型及功率				电池类型及额定电压			
车辆识别号							
二、查询用户手册，记录车辆行驶里程							

1. 压缩机总成拆卸

压缩机总成拆卸步骤	第____章第____页	拆卸注意事项	

步骤：

2. 拆检空调控制器

拆卸空调控制器拆卸步骤	第____章第____页	拆卸注意事项	

步骤：

3. 压力传感器电路

电路图：		针脚	颜色	端子含义
压力传感器控制电路步骤	第____章第____页	控制电动机编号		

项目	检测参数	标准值	测量值	判定
检查压力供电				正常☐ 异常☐
检查压力传感器接地				正常☐ 异常☐
检测压力传感器信号				正常☐ 异常☐

自我测试

(1) 简述比亚迪秦 PLUS EV 轿车空调系统的结构特点。
_____
_____
_____

(2) 简述新能源汽车电动压缩机的结构及工作原理。
_____
_____
_____

(3) 简述空调压缩机的拆装流程及技术要点。
_____
_____
_____

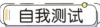

参考答案

拓展学习

电动压缩机发展趋势

新能源车辆的空调系统几乎是除了新能源动力系统之外和传统汽车差别最大的地方，新能源车辆的空调系统因为没有发动机的带动而取消了传统压缩机的端驱动器和驱动轮，并增设了驱动电机和特有的控制模块，空调压缩机不再依靠发动机来获取工作动力，车辆动力输出更加平稳。汽车空调电动压缩机是由电动机驱动的汽车空调压缩机，是汽车空调制冷系统的心脏，起着压缩和输送制冷剂蒸汽的作用。汽车空调压缩机主要经历了活塞式压缩机、斜盘式压缩机、旋叶式压缩机、涡旋式压缩机四个阶段。当前，我国汽车空调压缩机产品存在斜盘式、涡旋式、旋叶式等多种技术、不同产品并存和发展的局面。

斜盘式压缩机是目前市场上的主流产品，主要用于合资企业；涡旋式压缩机具有容积效率高、可靠性高、噪声低、振动小、成本低等特点，深受自主品牌汽车的青睐，其市场份额随着自主品牌的快速增长而不断提升。此外，随着新能源汽车的快速增长，电动涡旋汽车空调压缩机也出现了井喷式的增长。电动压缩机由电池提供动力，控制器控制电动机转速，进而控制制冷量，调节温度。涡旋式压缩机高效率、高转速承受力，决定了它适合与高速电动机配合使用，并且可以通过电控单元调节电动机的速度，提高空调系统的能效，更适合在电动汽车上使用，单个价值较高。

在汽车空调领域中，涡旋式压缩机被称为第三代压缩机，正在以其独特的性能优势逐渐代替传统的斜盘式压缩机和旋转式压缩机，尤其是在新能源汽车领域。新能源汽车必定采用电驱动自动调节空调系统，电动涡旋式压缩机被国内外行业公认为最理想的电驱动空调压缩机。随着新能源汽车产业的快速发展，涡旋式压缩机前景广阔。

任务 4.2

制冷系统检修

任务引入

某顾客的比亚迪秦 Plus EV 汽车最近表现出空调不制冷的问题,省级技能大师张师傅进行综合诊断后,将问题锁定在空调制冷剂不足、空调控制器故障、压缩机电气故障等问题上,需对空调制冷系统机械部分和电气部分进行检测,并根据检测结果进行维修或者更换。

学习目标

(1) 掌握新能源汽车空调制冷系统的功能及组成。
(2) 理解新能源汽车空调制冷系统的工作原理。
(3) 能够按照工艺规范进行新能源汽车空调制冷系统检测及维修。
(4) 能够规范使用拆装工具、检测仪器。
(5) 能够快速查阅维修资料,获取信息。
(6) 能够根据维修项目正确佩戴高压安全防护用具。
(7) 严格执行工艺规范,重视安全生产。
(8) 培养环保、规范的职业操守。

知识准备

4.2.1 新能源汽车制冷系统结构组成

将新能源汽车空调制冷系统和传统汽车空调比较,只是压缩机驱动由机械式变成了电动机,其制冷原理基本一致。新能源汽车制冷系统由电动压缩机及控制器、冷凝器、压力传感器、储液干燥器、电子膨胀阀、蒸发器、鼓风机及调速单元、各种温度传感器、空调压力开关、空调制冷管路、空调控制器、空调控制面板、风门控制电动机、高压配电箱、三通电磁阀、VCU 等组成。新能源汽车空调制冷系统的组成如图4-16所示。

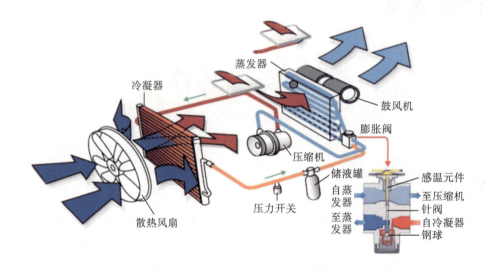

图 4-16 新能源汽车空调制冷系统的组成

1. 压缩机

压缩机是制冷系统的心脏，其作用是把低温低压的制冷剂转变为高温高压的制冷剂，并可以维持整个系统制冷剂连续不断循环，实现制冷装置的热交换功能。新能源汽车电动压缩机实物外观如图 4-17 所示。

图 4-17 新能源汽车电动空调压缩机实物外观

2. 冷凝器

冷凝器也是一个热交换器，安装在散热器正前部，如图 4-18 所示，从压缩机泵出来的高温高压气液混合状态的制冷剂进入冷凝器后，车外空气在风扇作用下强制通过冷凝器带走热量，从而使气态制冷剂冷却凝结成高温的液态制冷剂。

图 4-18　冷凝器

3. 储液干燥器

储液干燥器安装在冷凝器侧面，储存制冷剂并清除水分和外来杂质。

4. 膨胀阀

膨胀阀是一个可变或固定的截面小孔，把高压制冷剂节流雾化，经蒸发器吸收车内空气热量，在鼓风机的作用下，变成低温、低压的气态，膨胀阀也称为节流阀，起到节流降压的作用，如图 4-19 所示。

5. 鼓风机

鼓风机吸入室内外空气，吹送到蒸发器，并把冷却空气送到车辆内。实现风量调节、冷热调节、出风模式调节。

6. 蒸发器

蒸发器是一种热交换器，安装在仪表台下。液态的制冷剂经膨胀阀减压汽化后变成雾状制冷剂，进入蒸发器的热交换管路中蒸发吸热，车身内的空气由于风扇的作用，被强制通过蒸发器吸热片而冷却降温，从而达到车身内降温的目的，如图 4-20 所示。

图 4-19　膨胀阀

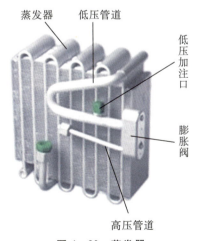

图 4-20　蒸发器

新能源汽车空调制冷系统的管路由低压管路和高压管路两部分组成,如图4-21所示。

(1)低压管路:从膨胀阀出口至压缩机入口,然后经过低压加注口、积累器、蒸发箱等。

(2)高压管路:从压缩机出口至膨胀阀入口,再经过压缩机、冷凝器、干燥器、高压加注口、高压开关、膨胀阀等。

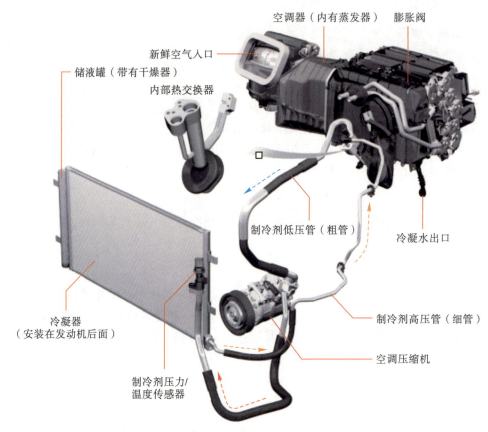

图4-21 制冷系统高低压管路

4.2.2 新能源汽车空调制冷系统工作原理

新能源汽车空调制冷系统和传统燃油汽车空调制冷系统的制冷原理一样,工作时,制冷剂以不同的状态在这个密封系统内循环流动,每一循环有四个基本过程,新能源汽车制冷系统的工作原理如图4-22所示。

(1)蒸发过程:低温低压的液态制冷剂进入蒸发器,由于此时制冷剂沸点远低于蒸发器内的温度,低温低压的液体制冷剂蒸发成低温低压的气态制冷剂。

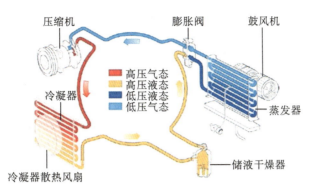

图 4-22　新能源汽车空调制冷系统的工作原理

（2）压缩过程：压缩机吸入蒸发器出口处的低温低压的气态制冷剂，将其压缩成高温高压的气态制冷剂。

（3）冷凝过程：高温高压的气态制冷剂进入冷凝器后，将部分热量释放到空气中，变成中温高压的液体制冷剂。

（4）膨胀过程：中温高压的液态制冷剂经过节流膨胀装置（膨胀阀）后体积变大，压力和温度急剧下降，变成低温低压的液态制冷剂进入蒸发器。最后在蒸发器内吸收流经蒸发器的空气热量，使空气温度降低，吹出冷风，产生制冷效果。

4.2.3　新能源汽车空调压缩机线路原理图

空调压缩机线路原理图如图 4-23 所示。

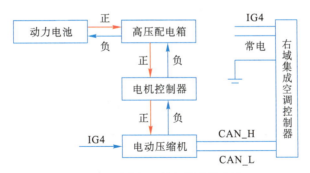

图 4-23　空调压缩机线路原理图

从图中可以看出，动力蓄电池高压直流电进入高压配电/电动机控制器，然后再进入空调压缩控制器，为空调压缩机控制器提供动力源，空调制冷功能开启后，空调压缩机控制器通过 LIN 总线接收制冷功能启动信号，空调压缩机控制器经过处理与运算，控制内部功率转换 IGBT 单元，使空调压缩机三相 U、V、W 按顺序和频率通电，带动涡旋式压缩机运转，制冷剂循环，制冷模式启动。

4.2.4 制冷系统检查

1. 制冷压力检测

检测空调系统压力的方法是将空调压力表组的高低压开关完全关闭,连接软管,选择合适的快速接头,把软管另一端与车辆侧的空调管道高低压加注阀相连,如图4-24所示。启动空调制冷功能,在空调运行时检查歧管压力表所显示的压力。空调制冷系统正常时低压侧压力应为 $0.15\sim0.25$ MPa,高压侧压力应为 $1.37\sim1.57$ MPa。根据检测结果,判断制冷系统压力是否正常。

图4-24 空调压力检测软管连接

2. 制冷系统泄漏检查

检查时,打开检漏仪开关,调整好灵敏度(图4-25),用探头接近空调管道及各个连接部位。若接近部位有泄露,指示灯会快速闪烁,警报器鸣叫频率也会同步加快。

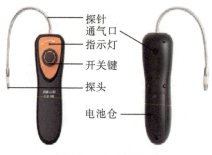

图4-25 检漏仪

(1)检查冷凝器进气管和出液管连接处、冷凝器盘管处是否泄漏。
(2)检查蒸发器进口管和出口管的连接处、蒸发器盘管和膨胀阀处是否泄漏。
(3)检查储液干燥器易熔塞处、管道接头喇叭口处是否泄漏。

(4)检查制冷剂管道高、低压软管及各接头处是否泄漏。

(5)检查压缩机轴封处、压缩机吸气和排气阀处、前后盖密封处、与制冷剂管道接头处是否泄漏。

4.2.5 空调压缩机控制电路检测

空调电动压缩机是否允许开启由 BMS 根据整车动力电池电量情况判断并由右车身控制器判断是否需要开启电动压缩机共同控制,当整车动力电池电量足够时,开启空调制冷,电动压缩机即可工作。

空调压缩机控制电路如图 4-26 所示,主要由供电电源和通信线路(CAN)组成,电源为+B 电源,检测方法如下所示。

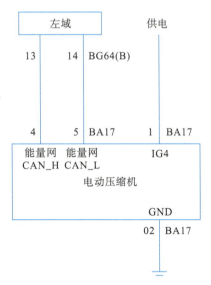

图 4-26 空调压缩机控制电路

1)检测空调压缩机供电

断开空调压缩机插接器 BA17,用万用表检测空调压缩机 BA17-1 与车身接地之间的电压,标准电压是 11~14 V,如异常,检查 IG4 继电器及控制线路。

2)检测空调压缩机 CAN 总线电压

断开空调压缩机插接器 BA17,用万用表检测空调压缩机 BA17-4 与车身之间的电压,标准电压是 2.5~3.5 V,继续用万用表检测空调压缩机 BA17-5 与车身之间的电压,标准电压是 1.5~3.5 V,如果检测结果与标准值不一致,需进一步检查线路及维修。

3)检查空调压缩机 CAN 线电阻

断开空调压缩机插接器 BA17,用万用表测量 BA17-4 与 BA17-5 之间的电阻,标准电阻是 60 Ω,如果检测结果与标准值不一致,需进一步检查线路及维修。

4)检查空调压缩机接地

断开空调压缩机插接器 BA17，用万用表检查空调压缩机 BA17-02 与车身接地之间的电阻，标准电阻是小于 1Ω，如检测结果与标准值不一致，需进一步检查线路及维修。

任务实施

1. 作业说明

造成空调制冷系统出现故障的可能原因是制冷剂不足、制冷压力异常、压缩机电气故障、控制面板机械及电气故障等。因此，需要通过检测空调制冷剂的数量，检测压缩机电气故障、控制面板机械及电气故障，重新添加制冷剂，检修空调制冷系统的机械问题和电气问题来消除故障。本作业在进行高压安全防护及断电的情况下进行。

2. 技术标准与要求

压力	高压侧：	低压侧：
冷冻油	型号：	
CAN 电压	CAN_H：	CAN_L：
CAN 电阻		

注：请学员查阅维修资料后填写。

3. 设备器材

(1)设备与零件总成。

_____

_____

(2)常用工具。

_____

_____

(3)耗材及其他。

_____

_____

注：请学员根据场地实际设备器材填写。

4. 作业流程

(1)做好安全防护，清洁并校准万用表和示波器。

(2)根据故障现象，进行故障分析和症状检查。

(3)检查蓄电池电压。标准电压值：11～14 V，如果电压值低于 11 V，在转至下一步前对蓄电池充电或更换蓄电池。

(4)参照故障症状表(表 4-2)，分析故障原因及部位。

表 4-2 故障症状表

故障症状	可能发生故障的部位
空调系统所有功能失效	空调控制器
	空调面板控制电路
	线束和连接器
制冷系统工作不正常	各传感器(车内、车外、光照强度传感器)
	空调控制器
	线束和连接器

(5)用故障诊断仪诊断，把故障诊断仪连接到 DLC 口上，读取故障码，如果无故障码输出，则进行第(6)步；如果有故障码输出，则进行第(7)步。

(6)全面分析与诊断。

(7)调整、维修或更换。

(8)确认测试。

自我测试

(1)简述比亚迪秦 Plus EV 轿车空调制冷系统的检测项目。

(2)简述制冷压力检测的流程及技术要点。

(3)简述空调压缩机控制电路的检测流程及技术要点。

5. 填写考核工单

一、查询并记录车辆信息						
品牌		整车型号		生产日期		行驶里程	
驱动电机型号				额定功率		
动力电池额定电压				额定容量		
电动机类型及功率				电池类型及额定电压		
车辆识别号						

二、查询用户手册，记录车辆行驶里程

1. 制冷压力检测步骤（拆卸后需向考官报备）

加注仪器		加注注意事项	

步骤：

2. 空调制冷系统检漏步骤

检漏仪器		检漏方法	
检漏部位		判定	正常□ 异常□

3. 空调制冷功能检查

检查条件		判定	正常□ 异常□

4. 空调压缩机控制电路检测

电路图：

空调压缩机控制电路步骤		第___章第___页		压缩机编号	
检测内容	检测参数	标准值	测量值	判定	
CAN_H 和 CAN_L				正常□ 异常□	
CAN 电阻				正常□ 异常□	

> 拓展学习

未来新能源汽车空调制冷剂应用类型

近些年,随着新能源汽车的推广应用,新能源汽车在安全隐患、里程焦虑、热管理工质温室效应等方面存在着诸多的瓶颈问题,在我国碳中和的大背景下,对新能源汽车的"节能"与"环保"方面提出了更高级、更精准的要求,目前应用最广泛的空调制冷剂是 R12 和 R134a。第四代制冷剂氢氟烯烃(HFOs)和碳氢天然工质制冷剂(HCs)因其卓越的性能与环保性成为第三代 HFC 制冷剂的绿色替代方案。未来新能源汽车热管理系统中的制冷剂替代方向有以下几种。

(1) 制冷剂替代方案一:CO_2

CO_2 作为一种天然工质,ODP(臭氧消耗潜值,ozone depletion potential)为 0,GWP(全球变暖潜值,global warming potential)为 1,环保无污染。CO_2 系统的制热能力提升十分明显,在低至 -25 ℃ 的条件下仍然能稳定充分供热,-10 ℃ 条件下的制热性能相对 R134a 提升 80% 以上。

(2) 制冷剂替代方案二:R1234yf

R1234yf 是美国杜邦公司和霍尼韦尔公司为 R134a 量身打造的替代方案,其热物性与 R134a 相近,但 ODP=0,GWP=4,环保性良好,价格高。R1234yf 全生命周期碳排量同样低于传统 R134a,甚至低于 GWP 更低的纯天然工质 CO_2。但在长期使用过程中,也逐渐暴露出了一些安全性问题。R1234yf 被认定为轻微可燃制冷剂,R1234yf 溶于水可能形成三氟乙酸等,最终分解产生 CHF_3(HFC-23),HFC-23 是一种强温室效应气体。

(3) 制冷剂替代方案三:R290

R290(丙烷,$CH_3CH_2CH_3$)同样属于天然工质,其 ODP=0,GWP=3.3,热物理性能参数与 R134a 相近,但标准沸点更低,因此适用于更低的环境温度。相比汽车空调常用的制冷剂 R134a,R290 除了在环保性上具有更好的表现之外,由于其更高的气化潜热、更小的分子质量、更高的工作压力及工作密度,可以大大减少车辆热泵空调系统中制冷剂的充注量,更加符合轻量化、紧凑化的原则。虽然 R290 的热物性及环保性良好,但安全等级仅为 A3,属于可燃制冷剂,一般需要构建二次循环,而可燃性也成为其使用过程中始终存在的安全隐患。

(4) 制冷剂替代方案四:R410A 和 R32

应对新能源汽车的冬季制热问题,R410A 因制热特性优异也获得了一定的关注,其 ODP=0,但 GWP 值高于 2000,使用效果证明,采用补气增焓方法的 R410A 热泵空调系统在冬季制热条件下具备十分突出的性能优势,甚至可以在 -20 ℃ 的低温环境下正常运行并提供足够的制热量，节省了 PTC 电加热功耗，使电动车冬季续航里程有所恢复。然而，目前车辆领域采用 R410A 的尝试一般只是为了借鉴其在家用领域的成熟技术，从而作为车辆行业制冷剂的暂时性过渡替代物，在当前车辆领域应用背景下不具有长远的前景。

R32(二氟甲烷，CH_2F_2)同属碳氢化合物，ODP＝0，但 GWP 高达 675，其环保优势并不明显。研究显示，由于 R32 的低温制热性能与高温制冷性能均能达到较优良水平，节省了很多低温 PTC 电辅热耗功，因此运行能耗较低，间接当量碳排放较少，从全生命周期环保性的角度来说，也许是一种具备一定前景的制冷剂替代选择。R32 是 R410A 的组成成分之一，但 GWP 显著低于 R410A，因此相对 R410A 系统，R32 系统能够大幅降低当量 CO_2 及 SO_2 的排放量，尤其将 R32 与 GWP 值很低的 R744、HFO 类制冷剂混合使用后，既能兼顾热泵空调系统的制冷与制热能力，又能大幅降低混合工质的当量 GWP 值，是一种值得深入研究的方案。

任务 4.3

暖风系统检修

任务引入

某顾客的比亚迪秦 Plus EV 汽车最近表现出风口无暖风的问题，经省级技能大师综合诊断后，将问题锁定在暖风系统控制电路故障上，需对暖风系统进行检测，并根据检测结果进行维修或者更换。

学习目标

(1) 掌握新能源汽车空调暖风系统的功能与组成。
(2) 理解新能源汽车空调暖风系统的控制原理。
(3) 能够按照工艺规范进行新能源汽车空调暖风系统的拆卸、装配与调试。
(4) 能够规范使用常用的拆装工具、检测仪器。
(5) 严格执行工艺规范，重视安全生产。
(6) 培养爱岗敬业、精益求精的职业精神。

知识准备

4.3.1 新能源汽车空调暖风系统概述

4.3.1.1 新能源汽车暖风系统结构组成

新能源汽车暖风系统又称为采暖系统，可实现采暖、除湿、除霜等功能，主要由电动水泵、暖风芯体、加热器(PTC)、鼓风机、风道、暖风四通阀、空调控制器和空调采暖管路等组成。新能源汽车通常是利用电加热的方式来产生暖风，或者是通过直接加热经过蒸发器的空气，以提供暖风。

比亚迪秦 Plus EV 纯电动汽车的暖风系统如图 4-27 所示。

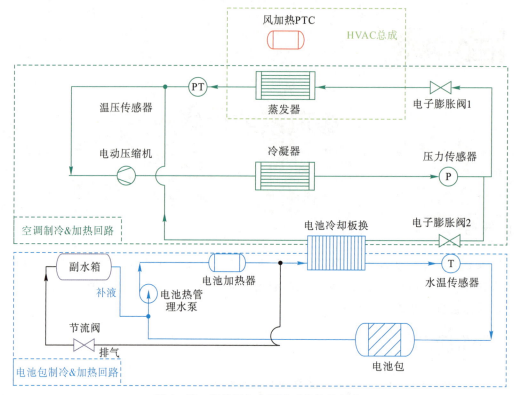

图 4-27　新能源汽车暖风系统结构组成

暖风系统的主要部件的安装位置及结构如下所示。

(1) 暖风电动水泵。暖风电动水泵安装在电动压缩机后上方，在四合一总成安装支架上固定，如图 4-28 所示，其作用是循环冷却液。

图 4-28　暖风水泵

（2）PTC 加热器。PTC 加热器是采用 PTC 热敏电阻元件为发热源的一种加热器，它的电阻随温度变化而急剧变化，外界温度降低，PTC 电阻值随之减小，发热量反而会相应增加。PTC 加热器有电热丝加热器和陶瓷式加热器两种，具有发热无异味、使用寿命长、无明显功率衰减现象、干净整洁、热效率高等特点。PTC 加热器自带冷却液温度传感器、高压互锁装置、绝缘栅场效应晶体管（IGBT）、温度传感器、电压采集、电流采集及对应的自动保护程序。

1. PTC 风暖制热系统

PTC 风暖制热系统是由蒸发器、风暖 PTC 加热器、模式风门执行器、鼓风机、温度风门执行器、内外循环风门、蒸发温度传感器等组成的，如图 4-29 所示。该系统的主要特点是把原来的加热暖芯替换成 PTC 风暖加热器，其加热原理是鼓风机把外界空气吸入后通过 PTC 风暖加热器直接加热后吹入车内，此过程的本质是电能转化为空气热能。该系统具有加热效果快、构造简单的特点，但因为装置于车内，所以对其安全性要求很高，如图 4-30 所示。

风暖采暖系统的控制原理是空调控制器驱动 PTC 风暖加热器制热，通过鼓风机吹出的空气将 PTC 散发出的热量送到车厢内或风窗玻璃上，用以提高车厢内温度和除霜。

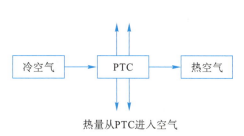

图 4-29 新能源汽车风暖系统原理图

图 4-30 风暖 PTC 加热器

2. PTC 水暖制热系统

PTC 水暖制热系统由蒸发器、鼓风机、暖芯、模式风门执行器、温度风门执行器、蒸发温度传感器、内外风门、水暖 PTC 加热器、膨胀水箱、电子水泵和吸水管等组成，如图 4-31 所示。该系统的制热原理：水暖 PTC 加热器将冷却液加热到一定温度后，电子水泵将加热后的冷却液抽入暖风芯体，它与四周空气进行热交换，而后鼓风机将被加热的空气吹入车体中，冷却液降温后流入水箱，再被 PTC 水暖加热器加热，如此循环。PTC 水暖制热系统安全性较好，但其加热效率较差，并且目前在国内这一技术尚待开发，如图 4-32 所示。

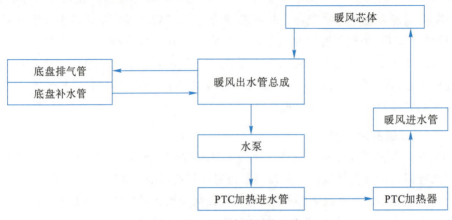

图 4-31 PTC 水暖制热系统

图 4-32 水暖 PTC 加热器

4.3.1.2 新能源汽车暖风系统控制原理

当打开空调热风旋钮时,动力电池开始给 PTC 加热模块内部的加热膜片、PTC 控制器进行高压供电,PTC 控制器采集风速、冷暖程度、出风模式、加热器启动请求、环境温度、PTC 总成内部传感器温度反馈等信号,同时整车控制器或压缩机控制器综合控制 PTC 通断,PTC 加热器开始工作,加热空调采暖系统中的冷却介质,然后冷却介质流经暖风芯体后,与穿过暖风芯体的气流进行换热,最后加热的气流通过鼓风机带入车内,冷却介质重新回到 PTC 里面进行加热。如此循环,实现供暖。新能源汽车空调暖风系统 PTC 加热器控制电路如图 4-33 所示。

比亚迪秦 Plus EV 汽车暖风系统采用 PTC 制热系统和热泵制热系统实现采暖,比亚迪秦 Plus EV 汽车暖风系统工作原理如图 4-34 所示。当采暖电子膨胀阀和电池电子膨胀阀同时开启时,空调采暖电磁阀和电池加热电磁阀、水源换热电磁阀导通。在低温行驶工况时,热泵空调系统开启电动压缩机,吸收高压系统余热进行冷媒直接采暖和电池加热,必要时可以开启 HVAC 总成的 PTC 风加热器,确保采暖效果;在低温充电工况时，热泵空调系统开启电动压缩机，吸收高压系统发热进行冷媒直接采暖和电池加热，必要时可以开启鼓风机（HVAC）总成的 PTC 风加热器（1 kW），确保采暖效果。

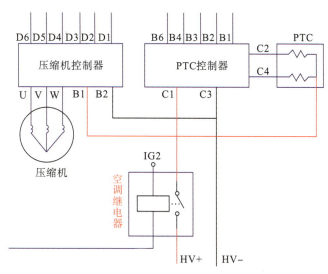

图 4-33 PTC 控制原理

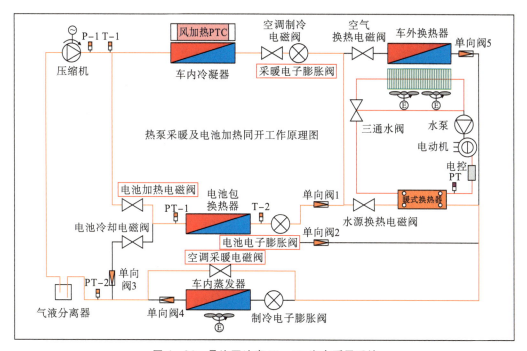

图 4-34 是比亚迪秦 Plus EV 汽车暖风系统

从图中可以看出，车内冷凝器的作用是采暖时向空气中散热。高电压风暖 PTC 总成利用发热电阻发出热量，低温时补充采暖。两通阀、三通阀用于制冷、制热循环切换。

4.3.2 新能源汽车空调暖风系统检测

4.3.2.1 新能源汽车暖风系统检修

1. 制热功能检查

(1) 将车辆门窗关严，风量开到最大，内循环，温度选择最高。

(2) 启动空调，检查出风口温度是否明显上升。

(3) 空调运转 5～6 min，检查空气是否有焦糊、过热的异味。

2. PTC 的拆装及控制电路检测

1) 拆卸

将电源挡退至 OFF 挡，断开蓄电池负极，拆卸四合一控制装置，拆卸连接 PTC 的暖风管路。拆卸 PTC，断开 PTC 上的插接件，用棘轮扳手拆卸 2 个固定螺栓和一个双头螺柱，取下 PTC。

2) 安装

将 PTC 与大支架固定，用棘轮扳手拧紧 2 个固定螺栓和一个双头螺柱。接上连接 PTC 的暖风管路，装上四合一控制装置，加注冷却液，接上蓄电池负极。

3) 控制电路检测步骤

新能源汽车暖风系统 PTC 控制电路图如图 4-35 所示。

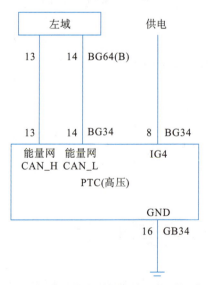

图 4-35 新能源汽车暖风系统 PTC 控制电路图

(1)检测 PTC 加热器 CAN 线电压。

断开 PTC 插接器 GB34,用万用表测量 PTC 加热器的 GB34-14 与车身接地之间、GB34-13 与车身接地之间的电压。GB34-13 与车身接地之间的电压标准值为 2.5～3.5 V,GB34-14 与车身接地之间的电压标准值为 1.5～3.5 V,如果检测结果与标准值不一致,需进一步检查线路及修复。

(2)检查 PTC 加热器 CAN 线电阻。

断开蓄电池负极,用万用表测量 CAN_H 与 CAN_L 之间的电阻,标准值:60 Ω。如果检测结果与标准值不一致,需进一步检查线路及修复。

(3)检查 PTC 加热器供电。

用万用表检查 PTC 加热器 GB34(3)供电是否正常,标准值是+B,如检测结果与标准值不一致,需进一步检查线路及修复。

(4)检查 PTC 加热器接地。

用万用表检查 PTC 加热器 GB34(16)接地是否正常,标准值是 0 V,如检测结果与标准值不一致,需进一步检查线路及修复。

3. 暖风电子水泵拆装

首先用卡箍钳将 3、4 两个卡箍拆卸下来。然后用棘轮和 10♯套筒将 1、2 两个螺栓拆下来,将暖风电动水泵从整车上取下来;安装顺序与拆卸顺序相反。暖风电子水泵拆卸方法如图 4-36 所示。

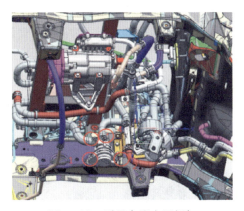

图 4-36 暖风电子水泵拆卸

4. 鼓风机及蒸发器的拆装

1)前 HVAC 总成拆卸

先放掉空调系统制冷剂,然后拆卸前舱与箱体连接的压缩机吸入管总成、制冷硬管总成、暖风进水管、暖风出水管 4 根管路,如图 4-37 所示。再拆卸上本体、管梁及下本体。最后,拆卸螺母和螺钉,如图 4-38 所示,拆卸完成。

 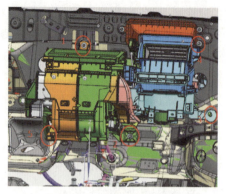

图 4-37　拆卸管路及管梁　　　　　图 4-38　拆卸螺母及螺钉

2) 蒸发箱体拆装

蒸发箱体的拆卸方法：将电源挡位退至 OFF 挡，断开蓄电池负极，回收冷媒，拆卸 A 柱护板，拆卸 PAD 支架，拆卸仪表，拆卸方向盘，拆卸上下本体，断开连接器，拆卸副仪表台，断开管梁与车身各连接点，断开空调箱体上的各管路（制冷管路、暖风水管、排水管），断开空调上各连接插件，用棘轮拆卸空调箱体上与前围板的固定点，断开转向管柱，将管梁同箱体一起抬出驾驶舱。

安装方法：将管梁同箱体放入驾驶舱正确位置，连接转向管柱，安装空调箱体（将空调箱体装入固定位置，接上各接插件、管路，安装空调箱体与前围板的固定点），接上空调箱体上的各管路，安装管梁与车身各连接点，安装仪表板下本体，安装副仪表台，安装 PAD 支架，连接好各个连接器，安装中控面板，加注冷媒，接上蓄电池负极。

5. 电池热管理水泵总成

将电池热管理水泵低压接插件拔下来，如图 4-39 所示。用棘轮和 15♯ 套筒将 4、5 两个螺栓拆下来。最后用卡箍钳将卡箍 1、2 拆卸下来，拔掉水泵的两根对接管路，完成拆卸。

图 4-39　电池热管理器水泵拆装

6. 电池热管理副水箱总成

用卡箍钳取下卡箍,拆卸管路,如图 4-40 所示。再用棘轮和 10♯ 套筒将两个螺栓拆下来,拆卸完成。

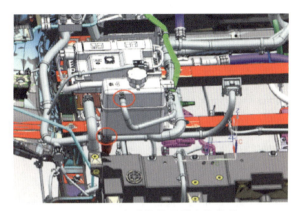

图 4-40　电池热管理副水箱总成

任务实施

1. 作业说明

造成空调出风口无暖风故障的原因可能是空调暖风系统 PTC 加热器损坏、PTC 控制电路故障、鼓风机异常等。需通过拆卸、检测和更换部件来消除故障。本作业是对空调暖风系统 PTC 加热器及蒸发器进行拆检、装配,其前提条件是 PTC 是高压器件,拆卸 PTC 时应注意做好安全防护。

2. 技术标准与要求

PTC 风加热器,额定功率	kW	
CAN 电压	CAN_H:	CAN_L:
CAN 电阻	Ω	

注:请学员查阅维修资料后填写。

3. 设备器材

(1)设备与零件总成。

(2)常用工具。

_____

_____

_____

(3)耗材及其他。

_____

_____

_____

注：请学员根据场地实际设备器材填写。

4. 作业流程

(1)做好安全防护，清洁并校准万用表。

(2)根据故障现象，进行故障分析和症状检查。

(3)检查蓄电池电压。标准电压值：11～14 V，如果电压值低于 11 V，在转至下一步前对蓄电池充电或更换蓄电池。

(4)参照故障症状表(表 4 - 3)，分析故障原因及部位。

表 4 - 3　故障症状表

故障症状	可能发生故障的部位
空调不制热	PTC 加热器
	空调控制器
	PTC 加热器低压线束接插件松动、退针
	PTC 高压接触器
	空调面板接插件接触不实、退针
	空调面板与控制器
	暖风开关
	PTC 温度传感器
	整车控制器

(5)用故障诊断仪诊断，把故障诊断仪连接到 DLC 口上，读取故障码，如果无故障码输出，则进行第(6)步；如果有故障码输出，则进行第(7)步。

(6)全面分析与诊断。

(7)调整、维修或更换。

(8)确认测试。

5. 填写考核工单

一、查询并记录车辆信息							
品牌		整车型号		生产日期		行驶里程	
驱动电机型号				额定功率			
动力电池额定电压				额定容量			
电动机类型及功率				电池类型及额定电压			
车辆识别号							

二、查询用户手册,记录车辆行驶里程

1. 检查制热功能步骤

步骤:

2. PTC 的拆装步骤

PTC 的拆装步骤	第____章第____页	工具、设备	

步骤:

3. PTC 控制电路检测步骤

电路图:

PTC 控制电路图		第____章第____页	PTC 控制电路编号	
CAN_H 和 CAN_L	标准值		测量值	
	标准值		测量值	
CAN 电阻	标准值		测量值	

4. 暖风电子水泵拆装

暖风电子水泵拆装步骤	第____章第____页	拆卸注意事项	
步骤：			

5. 鼓风机及蒸发器的拆装

鼓风机及蒸发器的拆装步骤	第____章第____页	拆卸注意事项	
步骤：			

自我测试

(1) 简述比亚迪秦空调暖风系统的组成及原理。

_____

_____

_____

(2) 简述空调暖风系统 PTC 控制原理。

_____

_____

_____

(3) 简述 PTC 的拆装和检测流程及技术要点。

_____

_____

_____

拓展学习

新能源汽车热泵空调系统

新能源汽车的发展，近年来在全球范围内愈发地被重视。新能源汽车的发展，有望解决传统燃油车带来的环境污染问题。新能源车和传统燃油车最大的不同在于动力系统，进而导致热管理及空调系统发生巨大变化。热泵技术在新能源车领域已成为未来发展趋势，新能源车的发展带动传统汽车空调企业快速转型，国内企业同步加紧布局空调热泵系统，国内外热泵空调系统均已在多产品实现装车。

新能源车通过 PTC 热敏电阻制热，即通过电阻的热效应生产热量，具备了结构简单且制热效果好的优点，但是存在着功耗过大的严重缺陷。PTC 加热方案耗能较多，对新能源车续航里程的影响较大。水泵将低处的水泵到高处，热泵则类似，是一种可以将低位热源的热能强制转移到高位热源的空调装置。热泵系统中使用四通换向阀可以使热泵空调的蒸发器和冷凝器功能互相对换，改变热量的转移方向，从而达到夏天制冷冬天制热的效果。当前热泵系统的类型主要有直接式热泵空调系统、间接式热泵空调系统和补气增焓直接式热泵空调系统等。

新能源汽车电子电气空调**舒适技术**

热泵空调相对于 PTC 加热的优势就在于更加节能。热泵空调方案的耗能大约为 PTC 加热模式的 50%。因此，从应用层面来看，热泵空调方案更具优势，但其技术要求也相对较高，特别需要解决低温情形下室外换热器结霜的问题。热泵空调在新能源车领域实现了快速推广。当前热泵空调技术在新能源车领域已经得到了市场验证，国际主要车型包括大众、奥迪、雷诺、宝马等品牌均已量产装车，近年来国产电动汽车热泵空调也开始装车。

任务 4.4

通风系统检修

任务引入

某顾客的比亚迪秦 Plus EV 汽车最近表现出风口风速无法调节的问题，经省级技能大师综合诊断后，将问题锁定在鼓风机控制电路上，需对鼓风机控制电路进行检查，并根据检查结果进行维修或者更换。

学习目标

(1) 掌握新能源汽车通风系统的功能与组成。
(2) 理解通风系统的工作原理。
(3) 能够按照工艺规范进行通风系统部件的拆卸、检查与维修。
(4) 能够规范使用常用拆装工具、检测仪器。
(5) 能快速查询维修资料、用户手册和保养手册。
(6) 严格执行工艺规范，重视安全生产。
(7) 培养绿色、低碳、环保的职业理念。

知识准备

4.4.1 新能源空调通风系统概述

4.4.1.1 新能源汽车通风系统的功能与组成

新能源汽车通风系统与传统汽车基本相似，新鲜空气通过蒸发器和热交换器形成冷风或暖风，根据驾驶员的需要，以指定风速输送到指定出风口。通风系统包括热交换器、蒸发器、蒸发器温度传感器、翻板、空气滤清器、出风口等，如图4-41所示。

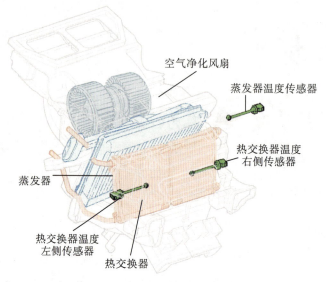

图4-41 新能源汽车通风和净化系统的结构

新能源汽车通风系统的工作原理如图4-42所示，鼓风机吸入新鲜空气，空气通过蒸发器和加热器形成冷风或暖风，然后根据驾驶员需求送到指定出风口。

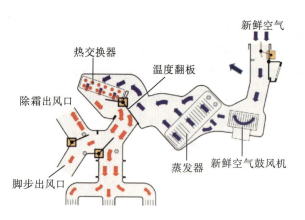

图4-42 新能源汽车通风系统和净化系统的工作原理

空调通风系统可以有效保证车内空气的新鲜，同时通风也可以对风窗玻璃进行除雾。汽车空调的通风主要有三种方式，自然通风、强制通风与综合通风。

1）自然通风

汽车空调中的外循环系统指的就是自然通风。自然通风是指利用汽车行驶过程中车身内外表面产生的风压差，在适当的地方开设通风口，通常进气口设在副驾驶的前方，空气经过空气室盖板后通过车身上的通风口进入室内，排气口也称泄压口、设置在左右侧围钣金上，室内空气从这里流出室外，最终实现在密闭状态下的车内空气的通风换气。如图4-43所示，车身内外壁面上开设进出风口，利用车辆行驶时产生的风压，将外部空气引入车内循环后再排出。

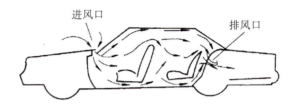

图4-43 自然通风

2) 强制通风

当汽车车速低或停车时，车身内外表面气压差不足，仅仅依靠自然通风不能保证车内空气的新鲜，因此需要强制通风。强制通风的主要部件是鼓风机，鼓风机工作时，将车外新鲜空气强制送入车厢内，最终实现通风换气。

3) 综合通风

综合通风是指汽车上同时采用自然通风和强制通风。目前汽车基本采用的都是综合通风的方式。

4.4.1.2 新能源汽车空调净化系统分类

新能源汽车空调的净化包括两部分，即室外流入室内的空气净化和室内循环空气的净化。空调净化系统对室外空气中粉尘的净化，主要采取过滤除尘和静电除尘两种形式。

过滤除尘是指在空调系统的送风和回风口处设置空气滤清装置，主要是对尘埃等颗粒物进行过滤。

静电除尘是指在空气进口的过滤器后面再设置一套静电除尘装置。静电除尘利用高压电极产生高压电场，对空气进行电离，使尘粒带电，然后在电场作用下产生定向运动，沉降在正负电极上，实现对空气的过滤除尘。

空调净化系统去除异味和有毒气体的主要形式有3种，即活性炭、催化反应器和负离子发生器。

利用活性炭去除异味是汽车空调净化系统的主要方法，活性炭能够吸附空气中有毒、有气味的成分，如汗臭，烟味和其他异味，另外还能吸收对人体有害的氯化物和硫化物。

活性炭对于室外流入室内的空气中的有毒气体 CO、NO_x 等几乎不起吸附作用，需要另外的催化反应器将这些气体净化。

空气中含有三类离子，轻离子、中力子、重离子，这些离子都是带电离子，其中带负电荷的离子为负离子，负离子对人体健康有利。负离子发生器就是利用电晕放电使空气负离子化的装置，目前高档车基本都配备这个装置了。离子发生器可以杀灭细菌、病毒等微生物，确保车内的空气质量不受外界的影响。

等离子发生器的作用是产生负氧离子，杀菌除臭、净化空气。

4.4.1.3 新能源汽车空调通风净化原理

比亚迪秦 Plus EV 空调净化系统采用 PM2.5 速测仪总成，起到监测、过滤、净化三大功能，集成安装在空调系统中，由空气质量管理系统、负离子发生器组成，通过常规的滤网过滤掉空气中大部分的颗粒物，又加设一块负离子电刷板，使空气中的颗粒物带电，然后再通过静电过滤网，吸附这些带电的颗粒物，从而起到净化空气的作用。比亚迪秦 Plus EV 车内饰如图 4-44 所示。

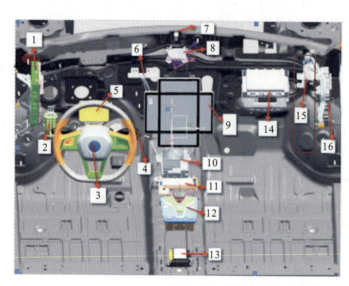

1.左车身控制器
2.仪表板配电盒
3.驾驶员安全气囊模块
4.组合开关
5.组合仪表
6.4G-GPS-Wi-Fi-BT天线
7.三合一模块
8.中置扬声器
9.PAD
10.主机总成
11.无线充电模块
12.换挡控制面板
13.SRS控制单元
14.前排乘员安全气囊模块
15.PM2.5速测仪总成
16.右车身控制器

图 4-44 比亚迪秦 EV 车内饰

通风和净化面板的含义如表 4-4 所示。

表 4-4 通风和净化系统控制面板的含义

项目	控制开关	含义
进气风门	弹起(不亮)	外循环：吸入新鲜空气
	按下(黄色)	内循环：再循环内部空气
模式调节	脚部/除霜	通过前除霜和侧调风器对挡风玻璃除霜，同时从前、后放脚坑调风器风管中送出空气
	除霜器	通过前除霜器和侧调风器对挡风玻璃除霜
	脚部	空气从放脚坑调风器风管、后放脚坑调风器风管和侧调风器中吹出，此外，空气从前除霜器中轻轻吹出
	双级	空气从中央调风器、侧调风器和前后放脚坑调风器风管中送出
	面部	空气从中央调风器和侧调风器中吹出

4.4.2 新能源空调通风系统的检修

4.4.2.1 新能源汽车通风系统的检测

1. 前鼓风机控制电路检测

新能源汽车空调通风系统的前鼓风机控制电路如图 4-45 所示，其检测步骤如下所示。

1) 检查保险

用万用表检查仪表板配电盒 UF45 是否导通。正常：导通；异常：更换保险。

2) 检查鼓风机

拆下鼓风机，两端连接约 14 V 电源。正常：鼓风机运转；异常：更换 AC 鼓风机。

3) 检查线束(鼓风机—调速模块/空调控制模块、调速模块—空调控制模块)

断开鼓风机接插件 BG23、调速模块接插件 BG24、空调控制模块接插件 BG86(B)。用万用表分别检测 BG24-4 与 BG23-1 线束、BG24-4 与 BG86(B)-33 线束、

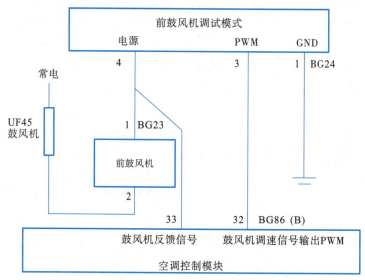

图4-45 前鼓风机控制电路

BG24-1与车身地线束、BG24-3与BG86(B)-32线束之间的阻值。标准值为小于1Ω。否则，进一步进行检查。

2. 出风模式控制电路检测

出风模式控制电路如图4-46所示，其检测步骤如下所示。

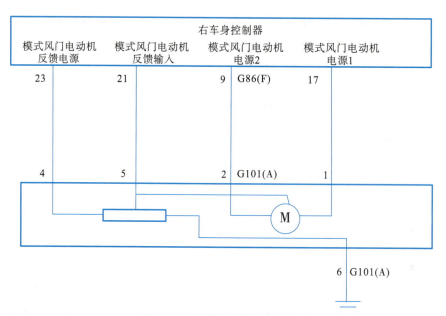

图4-46 出风模式控制电动机

1)检查出风模式控制电动机运行情况

断开空调箱体连接器,不拆下电动机。测试模式电动机,用蓄电池正负极连接出风模式控制电动机的正负极,模式控制电动机应当运行自如,并在吹面通风处停止。给出风模式控制电动机的正负极分别反接蓄电池正负极,检查模式控制电动机应当运转平稳,在前除霜处停止。

注意:不正确的供电和接地,会造成模式控制电动机损坏,请认真遵守操作指示。
当模式电动机停止运转时,应立即断开蓄电池。

如检查结果不符合标准,则进一步检查机械部分,拆除模式电动机,检查模式控制电动机联动装置和风门运动的平稳性,如联动装置和风门运行自如,则更换出风模式控制电动机。如联动装置和风门卡滞或被黏合,则根据需要进行维修或更换。

2)检查线束(空调控制器(AC ECU)—模式电动机)

断开空调控制器(AC ECU)接插件 G86(F)。断开模式电动机接插件 G101(A)。测线束阻值,用万用表分别检测 G101(A)-4 与 G86(F)-23 之间、G101(A)-5 与 G86(F)-21 之间、G101(A)-2 与 G86(F)-9 之间、G101(A)-1 与 G86(F)-17 之间的电阻值,标准值是小于 1 Ω。如不正常,则进一步修复线束。

3)检查线束(模式电动机—车身接地)

断开箱体连接器。测线束阻值,用万用表检测 G101(A)-6 与车身搭铁之间的电阻值,标准值是小于 1 Ω。如不正常,则进一步修复线束。

4)检查线束是否对地短路

断开空调控制器(AC ECU)接插件 G86(F),分别检测 G86(F)-23 端子、G86(F)-21 端子、G86(F)-9 端子、G86(F)-17 端子对地电阻值。标准值是大于 10 kΩ,如不正常,则进一步修复线束。

5)检查空调控制模块(AC ECU)运行情况

从空调控制器 G86(F)连接器后端引线,打开空调,检查端子输出值,标准值如表4-5 所示。如异常,则更换空调控制器。

表 4-5 右域空调控制器 G86(F)电压值

端子	条件	正常情况
G86(F)-9—车身地	开空调	约 5 V
G86(F)-21—车身地	吹面	约 0.2 V
	吹脚除霜	约 3.1 V
	吹面吹脚	约 1.1 V
	吹脚	约 2.5 V
G86(F)-23—车身地	调节出风模式	11~14 V

6）更换空调 MCU

临时更换一个工作正常的 MCU，检查故障是否再现。

3. PM2.5 速测仪总成

PM2.5 速测仪控制电路如图 4-47 所示，其检测方法如下所示。

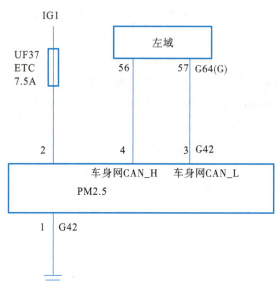

图 4-47　PM2.5 控制电路

1）检查 CAN 线电压

断开 PM2.5 测试仪连接件 G42，用万用表测量 G42-4 与车身接地之间的电压，标准值 CAN_H：2.5～3.5 V，用万用表测量 G42-3 与车身接地之间的电压，标准值 CAN_L：1.5～2.5 V，如果检测结果与标准值不一致，则进一步进行检查和更换。

2）检查 CAN 线电阻

断开 PM2.5 测试仪连接件 G42，断开蓄电池负极，用万用表测量 G42-4 与 G42-3 之间的电阻，标值：60 Ω。如检测结果与标准值不一致，则进一步进行检查和更换。

3）检查电源电路

用万用表检查 U37 保险通断，如实测值与标准值不一致，进一步检查或更换。断开 PM2.5 测试仪连接件 G42，用万用表测量 G42-2 与车身接地之间的电压，标准值：11～14 V，继续用万用表测量 G42-1 与车身接地之间的电阻，标准值：小于 1 Ω。

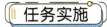

任务实施

1. 作业说明

造成空调通风及净化系统出现故障的原因可能是鼓风机控制电路故障等。因此，需要通过检测鼓风机及风门控制电路来排除故障。本作业在进行高压安全防护及断电的情况下进行。

2. 技术标准与要求

保险	Ω
线束电阻	kΩ

注：请学员查阅维修资料后填写。

3. 设备器材

(1)设备与零件总成。

_____

_____

_____

(2)常用工具。

_____

_____

_____

(3)耗材及其他。

_____

_____

_____

注：请学员根据场地实际设备器材填写。

4. 作业流程

(1)做好安全防护，清洁并校准万用表。

(2)根据故障现象，进行故障分析和症状检查。

(3)检查蓄电池电压，标准电压值：11～14 V，如果电压值低于11 V，在转至下一步前对蓄电池充电或更换蓄电池。

(4)参照故障症状表,如表4-6所示,分析故障原因及部位。

表 4-6 故障症状表

故障症状	可能发生故障的部位
鼓风机风速不可调(鼓风机工作正常)	前/后鼓风机调速模块
	左域(空调控制器)
	线束或连接器
出风模式调节不正常	出风模式控制电动机
	左域(空调控制器)
	线束和连接器

(5)用故障诊断仪诊断,把故障诊断仪连接到DLC口上,读取故障码,如果无故障码输出,则进行第(6)步;如果有故障码输出,则进行第(7)步。

(6)全面分析与诊断。

(7)调整、维修或更换。

(8)确认测试。

自我测试

(1)简述比亚迪秦 Plus DM-i 通风系统的功用及组成。

_____

_____

_____

(2)简述通风系统鼓风机控制电路的检测流程及技术要点。

_____

_____

_____

(3)简述通风系统空调通风净化的原理。

_____

_____

_____

参考答案

5. 填写考核工单

一、查询并记录车辆信息							
品牌		整车型号		生产日期		行驶里程	
驱动电机型号				额定功率			
动力电池额定电压				额定容量			
电动机类型及功率				电池类型及额定电压			
车辆识别号							

二、查询用户手册，记录车辆行驶里程

1. 前鼓风机控制电路检查

电路图：			针脚	端子

前鼓风机控制电路步骤		第____章第____页	前鼓风机编号	
项目	检测参数	标准值	测量值	判定
检查保险				正常□　异常□
检查鼓风机				正常□　异常□
检查线束				正常□　异常□
				正常□　异常□
				正常□　异常□
				正常□　异常□

2. 出风模式控制电路检测

电路图：			针脚	端子

出风模式控制电路步骤	第____章第____页	出门模式控制电路编号

新能源汽车电子电气空调**舒适技术**

项目	检测参数	标准值	测量值	判定	
检查电动机运行情况				正常□	异常□
检查线束				正常□	异常□
				正常□	异常□
				正常□	异常□
				正常□	异常□
				正常□	异常□
				正常□	异常□
				正常□	异常□
检查 AC ECU 运行情况				正常□	异常□
				正常□	异常□
				正常□	异常□
				正常□	异常□
				正常□	异常□
				正常□	异常□

> 模块四
> 新能源汽车空调系统检修

|拓展学习|

吹面出风系统解析

"特斯拉"Model 3的出风系统包含空调、除霜风道、吹面风道、吹脚风道、出风口等部件,如图4-48所示。与传统出风口相比,它的吹面风道包含主吹面风道和辅助吹面风道,而传统车型吹面风道没有辅助吹面风道。前除霜风道、前侧霜风道、主吹面风道、辅助吹面风道,从车前到车后呈圆弧状分层布局排布,空调出风走向顺畅。在前除霜风道也有辅助出风口,可加大除霜吹风的面积;而且吹面出风口无外观可见的叶片,仅通过中控大屏控制电动机实现风门的开关,实现任意角度的出风要求。

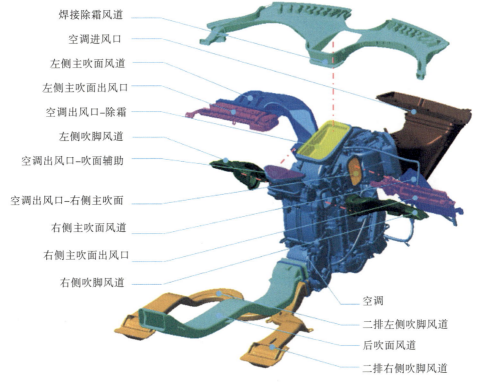

图4-48 出风系统部件展示

吹面出风系统风向控制原理

左右侧主吹面出风口具有高纵横比,纵向宽高度低的特点,宽高比大约为20:1,这样的通风口可以产生具有特殊流动动力学行为的气流。通常,当射流的纵横比高于8时,流体射流的核心可以被认定是二维的。即通风口宽度比高度大8倍以上时,通风口产生的空气流可被认定为二维平面。主吹面出风口部件展示如图4-49所示。

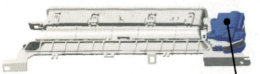 

图 4-49 主吹面出风口部件展示

因此，主出风口产生第一空气平面，辅助出风口产生第二空气平面，主出风口控制气流左、前、右方向，辅助出风口控制气流上下方向。

如图 4-50 所示，当第二空气平面气流足够小时，依据康达效应，第一空气平面会在仪表板周围产生低压区，此时空气平面会依附仪表板前进。如图 4-51 所示，当第二空气平面气流足够大时，会将第一空气平面推离仪表板，从而达到自由控制空气流动方向的目的。

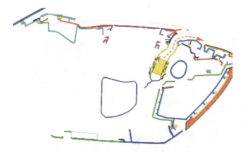 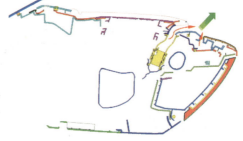

图 4-50 依附仪表板前进　　　　　　图 4-51 推离仪表板

为了大家更好地理解主出风口为何会产生第一空气平面和第二空气平面，在这需引用到一个流体力学的名词：康达效应，有兴趣详细了解的同学建议大家可以上网查资料认真学习。康达效应：流体（水流或气流）有离开本来的流动方向，改为随着凸出的物体表面流动的倾向。当流体与它流过的物体表面之间存在表面摩擦时（也可以说是流体黏性），只要曲率不大，流体会顺着物体表面流动。根据牛顿第三定律，物体给流体一个偏转的力，则流体也必定要给物体一个反向偏转的力。这种力在轻质物体上体现得非常明显，如图 4-52 所示的汤勺。

图 4-52 康达效应示意图

任务4.5

空调系统电气故障检修

任务引入

某顾客的比亚迪秦 Plus EV 汽车最近表现空调内外循环失效的问题，经省级技能大师综合诊断后，将问题锁定在空调系统电气故障上，需对空调系统的空调控制电路进行检测，并根据检测结果进行维修或者更换。

学习目标

(1) 掌握新能源汽车空调电气系统的组成。
(2) 理解新能源汽车空调系统的控制原理。
(3) 能够按照工艺规范进行新能源汽车空调控制电路的检测。
(4) 能够规范使用常用的拆装工具、检测仪器。
(5) 能快速查询维修资料、用户手册和保养手册。
(6) 严格执行工艺规范，重视安全生产。
(7) 培养探索未知，敢于创新的职业素养。

知识准备

4.5.1 新能源汽车空调电气系统概述

4.5.1.1 新能源汽车空调电气系统的组成及原理

新能源汽车电气系统是新能源汽车的重要组成部分，根据不同的用途，新能源汽车的电气系统通常分为低压系统和高压系统，新能源汽车低压系统为车辆的中央控制器和灯光、雨刮等提供电能，一般是 12 V 或 24 V。新能源汽车高压系统主要由慢充系统、DC/DC 变换器、驱动电机、电动机控制器、车载充电机、高压配电盒、空调系统、连接线缆等电气设备组成。

新能源汽车空调电气系统主要由信号输入装置、控制单元、执行器三大部分组成，如图 4-53 所示。

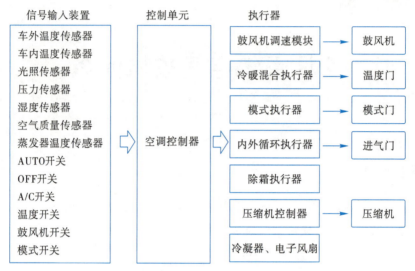

图 4-53　新能源汽车空调电气系统的组成

1. 信号输入装置

信号输入装置包括各种传感器和开关，其功能是采用空调控制模块所需的信息，并将其转换成电信号输送给空调控制模块。

1）车外温度传感器

车外温度传感器的主要作用是给空调控制模块提供车外的温度信号，空调控制模块根据车内外温度信息对比，确定车室内的温度。车外温度传感器一般安装在前保险杠内或水箱前面，车外温度传感器由热敏电阻制成，当车外温度变化时其电阻发生改变。车外温度传感器由负温度系数热敏电阻制成，该热敏电阻值随车外温度的升高而减小，随着温度的下降其阻值增加，ECU 根据热敏电阻值变化获得车外温度电信号的变化，获取车外温度数据。

2）车内温度传感器

车内温度传感器的功能是检测车内的温度，以控制空调系统的工作。同样采用负温度系数热敏电阻。

3）日光照射传感器

日光照射传感器用光电二极管或电池制成，用以感应阳光照射车辆的强度，但并不是温度，通常装在仪表盘上方。

4）蒸发器温度传感器

蒸发器温度传感器用于检测蒸发器表面的温度变化，控制压缩机的工作状况，一般安装在蒸发器翼片上，以精确感应蒸发器的温度，同样采用热敏电阻制成，其特点是传感器的电阻值越低，输出电压信号越低。

5）湿度传感器

湿度传感器实时检测车厢内空气湿度的情况，以便自动控制空调对车厢内的湿度进行调整。湿度传感器一旦检测到车厢内的湿度超过设定值时，就会自动打开空调系统，并根据车内外的湿度合理地自动调节空调湿度和排风量，以降低车厢内的湿度。湿度传感器安装在车内后视镜的根部。

6）空气质量传感器

空气质量传感器的作用是检测车外空气质量（SO_2、NO_x 等浓度），当浓度超标时自动切换至内循环。

7）防雾传感器

防雾传感器用于检测前风窗玻璃内侧表面湿度，当湿度较大时，提前切换空调状态，防止风窗起雾。

8）二氧化碳传感器

二氧化碳传感器的作用是检测车内 CO_2 的浓度，当 CO_2 浓度超过一定值，对人体有害时，自动切换至外循环，引入外界新鲜空气。

2. 控制单元

新能源汽车空调控制单元是空调控制器，其作用是对空调系统运行的工作状态实施监测，如果这些状态发生异常，各控制单元会根据检测到的信号产生一个相对应的故障码，同时也会将一个信息通过原车 CAN 总线发送至组合仪表控制单元，仪表控制单元通过文字提醒驾驶人系统异常，注意行车安全。

3. 执行器

1）鼓风机电动机

空调系统 ECU 根据设定的温度、车内现有温度、车外温度、阳光强度、蒸发器的温度等信号，发送不同的指令给鼓风机电动机，并使之搭铁，从而控制鼓风机的转速。

2）冷暖混合电动机

当空调控制器上的温度调节旋钮至制冷状态时，空调控制器根据当前冷暖电动机位置传感器反馈回来的位置信号，调节冷暖调节电动机关闭热风道、开启冷风道。

3）模式转换电动机

模式转换电动机由电动机位置传感器和电动机两部分组成，电动机位置传感器内部由滑动变阻器组成，用来检测电动机内风板的位置，并由电动机驱动。电动机用来移动风板的位置，改变出风的位置和方向。

4）内外循环电动机

内外循环电动机由内循环电动机和外循环电动机组成，内外循环是靠电动机上的翻版来回控制的。内循环开启，翻版关闭，使鼓风机里面的风在车内循环；外循环开启，翻版打开，车外的风随着鼓风机进入车内循环。

5）压缩机

当驾驶员打开空调制冷开关时，空调控制器接受空调制冷功能信号，并将此信号通过CAN总线发送至空调压缩机控制器，空调压缩机控制器经过处理与运算，控制内部功率转换的绝缘栅双极型晶体管（IGBT）单元，使空调压缩机三相绕组U、V、W按顺序和频率通电，带动涡旋式压缩机运转，制冷剂循环，启动制冷模式。

4.5.1.2 新能源汽车空调电气系统的控制原理

新能源汽车空调系统控制原理图，如图4-54所示。

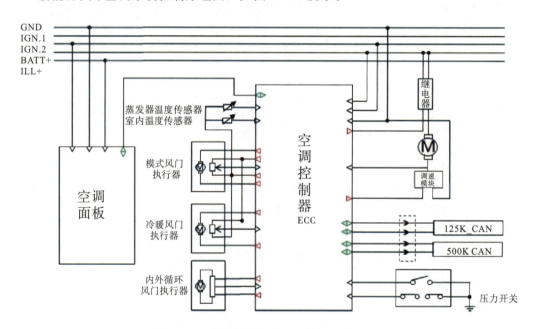

图4-54 新能源汽车空调系统控制原理图

从图中可以看出，当点火开关打开至ON挡，点火开关IGN.2上电，空调控制面板获得经由IGN.2的电流，与低压蓄电池负极进行搭铁构成回路，完成空调控制面板供电。然后空调控制器给空调系统继电器进行控制搭铁，空调系统继电器主供电电路便接通，电流流向空调调速模块，此时驾驶员操作空调面板，空调控制器接收到空调面板的A/C开关信号、风速调节开关信号、模式调节开关信号，以及空调压力开关信号、蒸发器温度传感器信号、车内外温度信号，经过运算处理形成控制信号，再通过CAN总线控制电动压缩机和PTC控制模块高压电路的通断。

4.5.1.3 空调电气系统的检修

1. 日光照射传感器拆检

1）日光照射传感器拆装

日光照射传感器也称为二合一传感器，如图 4-55 所示，其拆装步骤如下。

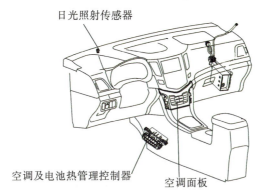

图 4-55 日光照射传感器

(1) 拆卸。将电源挡位退至 OFF 挡，断开蓄电池负极，拆卸 PAD，拆卸仪表，拆卸仪表板本体，断开日光照射传感器接插件，用一字起撬开两边卡口，从下面取出日光照射传感器。

(2) 安装。接上日光照射传感器接插件，将仪表板本体放入固定装置，安装好仪表板本体，安装仪表，安装显示屏，接上蓄电池负极。

2）日光照射传感器检测

日光照射传感器控制电路图如图 4-56 所示，其检测的步骤如下。

(1) 断开日光照射传感器连接器 Go01，取下日光照射传感器，用万用表检测日光照射传感器的电阻，标准电阻值查阅维修手册，如检测结果与标准值不符，则更换日光照射传感器。

(2) 断开左域空调控制连接器 G64(G) 和右域空调控制连接器 G86(G)。

(3) 用万用表检测左域空调控制器 G64(G)-25 端子与车身接地之间的电压，再用万用表检测右域空调控制器 G86(G)-15 端子与车身接地之间的电压，标准值查阅维修手册，如不正常，则继续检查线束。

(4) 用万用表检测光照射强度传感器 Go01-5 端子与车身接地之间的电压，再用万用表检测 Go01-8 端子与车身接地之间的电压，标准值查阅维修手册，如不正常，则继续检查线束。

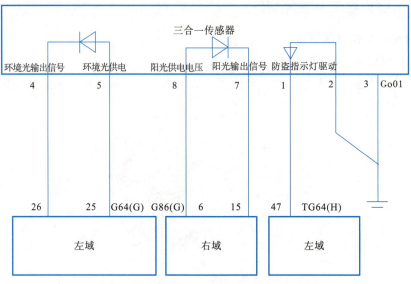

图 4-56　日光照射传感器

2. 内外循环控制电动机检修

内外循环电动机控制电路图如图 4-57 所示，其检查内容如下。

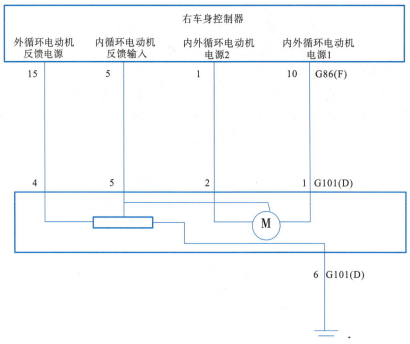

图 4-57　内外循环控制电动机

1) 检查内外循环控制电动机

断开箱体连接器 G101(D)，测试内外循环控制电动机。给 G101(D)-4 和 G101(D)-6 分别通上蓄电池正极和负极，检查内外循环控制电动机的运转情况。内外循环控制电动机应当运转自如，并在最大制冷状态时停止。给 G101(D)-4 和 G101(D)-6 分别反接蓄电池负极和正极，倒装接头，内外循环控制电动机，并在最大加热状态时停止。如检测后内外循环控制电动机工作正常，则进一步检查。注意：当内外循环控制电动机停止运转时，应立即断开蓄电池。

2) 检查线束(循环控制电动机—AC ECU)

断开箱体连接器 G101(D)，断开 AC ECU 连接器，用万用表分别测 G101(D)-1 与 G86(F)-10 线束、G101(D)-2 与 G86(F)-1 线束、G101(D)-5 与 G86(F)-5 线束、G101(D)-4 与 G86(F)-15 线束之间的电阻值，标准值小于 1 Ω。如检测结果异常，更换或维修线束。

3) 检查线束(循环电动机—车身地)

断开箱体连接器 G101(D)，用万用表检测 G101(D)-6 与车身接地之间的电阻值，标准值小于 1 Ω。如检测结果不正常，更换或修复线束。

4) 检查线束是否对地短路

断开 AC ECU 接插件，检测 G86(F)-10 与车身接地的线束、G86(F)-1 与车身接地的线束、G86(F)-5 与车身接地的线束、G86(F)-15 与车身接地的线束各端子对地电阻值，标准值大于 10 kΩ。如检测结果异常，更换或维修线束。

5) 检查空调控制器(AC ECU)

从空调控制器连接器 G86(F)后端引线。打开空调，用万用表检查端子输出值，如表 4-7 所示。如检测结果异常，则更换空调控制器(AC ECU)。

表 4-7 检查空调控制器

端子	条件(调节温度)	正常情况
G86(F)-10 与车身地	开空调	约 5 V
G86(F)-5 与车身地	32 ℃	约 0.9 V
	25 ℃	约 1.9 V
	18 ℃	约 4.1 V
G86(F)-15 与车身地	调节温度	11~14 V

任务实施

1. 作业说明

造成出现空调内外循环失效故障的原因可能是空调内外循环控制电动机、空调控制器，以及线束和连接器等故障。因此需要通过检测空调内外循环控制电路来排除故障。本作业在进行高压安全防护及断电的情况下进行。

2. 技术标准与要求

线束正常电阻	Ω
供电	V

注：请学员查阅维修资料后填写。

3. 设备器材

(1)设备与零件总成。

_____

_____

(2)常用工具。

_____

_____

(3)耗材及其他。

_____

_____

注：请学员根据场地实际设备器材填写。

4. 作业流程

(1)做好安全防护，清洁并校准万用表。
(2)根据故障现象，进行故障分析和症状检查。
(3)检查蓄电池电压，标准电压值：11~14 V，如果电压值低于 11 V，在转至下一步前对蓄电池充电或更换蓄电池。
(4)参照故障症状表，如表 4-8 所示，分析故障原因及部位。

表 4-8 故障症状表

故障症状	可能发生故障的部位
温度调节不正常	冷暖混合控制电动机
	左域(空调控制器)
	线束和连接器
内外循环调节失效	循环控制电动机
	左域(空调控制器)
	线束和连接器

(5)用故障诊断仪诊断,把故障诊断仪连接到 DLC 口上,读取故障码,如果无故障码输出,则进行第(6)步;如果有故障码输出,则进行第(7)步。

(6)全面分析与诊断。

(7)调整、维修或更换。

(8)确认测试。

自我测试

(1)简述新能源汽车空调电气系统的组成。

参考答案

(2)试分析新能源汽车空调电气系统的控制原理。

(3)简述内外循环控制电路的检测方法。

拓展学习

新能源汽车热管理用电子膨胀阀

新能源汽车产业蓬勃发展,加之近期全球化石燃料价格暴涨,行业乐观分析到 2025 年全球新能源汽车渗透率会达到 25%。为解决客户里程焦虑及电池安全问题,整车热管理已经成为市场主流解决方案,其中电子膨胀阀因其对系统能效及系统标定起到至关重要的作用,受到广泛关注。

电子膨胀阀在新能源汽车中有着越来越广泛的应用,在典型的热管理系统中,乘员舱、电池、电动机冷回路中都会用到,平均每辆车会用到 2～3 个电子膨胀阀,甚至更多。

电子膨胀阀阀体与线圈组成一个步进电动机,如图 4-58 所示。汽车控制器发送 LIN 信号到电子膨胀阀控制器,经控制器解码并驱动产品工作。阀体由转子部件、阀针部件组成。线圈带动转子旋转,通过螺杆传动,带动阀针沿轴向直线移动,调节阀口的通流面积,调节制冷剂流量。

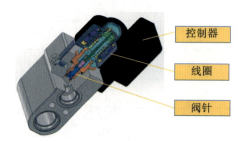

图 4-58　电子膨胀阀

热力膨胀阀在制冷系统中通过气相头的压力变化调节阀的开度,从而控制进入蒸发器的制冷剂流量,如图 4-59 所示。

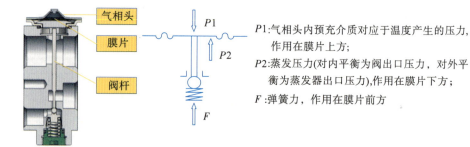

图 4-59　电子膨胀阀工作原理

5. 填写考核工单

一、查询并记录车辆信息						
品牌		整车型号		生产日期		行驶里程	
驱动电机型号				额定功率		
动力电池额定电压				额定容量		
电动机类型及功率				电池类型及额定电压		
车辆识别号						

二、查询用户手册，记录车辆行驶里程

1. 日光照射传感器拆装

拆装步骤位置	第____章第____页	注意事项	

步骤：

2. 内外循环控制电路

电路图：		针脚	颜色	端子含义

内外循环控制电路步骤	第____章第____页	控制电动机编号	
项目	检测参数	标准值	测量值	判定
检查电动机运行情况				正常☐ 异常☐
检查线束				正常☐ 异常☐
				正常☐ 异常☐
				正常☐ 异常☐
				正常☐ 异常☐
				正常☐ 异常☐

				正常☐ 异常☐
检测短路				正常☐ 异常☐
				正常☐ 异常☐
				正常☐ 异常☐
检查 AC ECU 运行情况				正常☐ 异常☐
				正常☐ 异常☐
				正常☐ 异常☐
				正常☐ 异常☐
				正常☐ 异常☐
				正常☐ 异常☐

参考文献

[1] 戈国鹏,魏建平. 电动汽车控制系统及检修[M]. 北京:机械工业出版社,2020.

[2] 张斌,蔡春华. 新能源汽车概论[M]. 北京:机械工业出版社,2019.

[3] 戈国鹏,魏建平,郑世界. 汽车灯光控制系统及检修[M]. 北京:机械工业出版社,2019.

[4] 罗彬,熊思琴,洪进. 新能源汽车维护与故障诊断[M]. 上海:上海交通大学出版社,2018.

[5] 崔胜民. 新能源汽车技术解析[M]. 北京:化学工业出版社,2016.